JN306424

国分功一郎

来るべき民主主義

小平市都道328号線と近代政治哲学の諸問題

GS

幻冬舎新書

315

来るべき民主主義／目次

第一章 小平市都道328号線問題と住民投票 27

はじめに

議会制民主主義の単純な欠陥

現在の民主主義を見直し、これからの新しい民主主義について考えることが本書の目的である。最終的にはいくつかの具体的な提言が行われる。その根本にある発想は極めて単純である。ここでは、それをできるだけ手短に説明する。時間がなくて本書を通読できない方は、この「はじめに」だけをお読みいただいても構わない。

今から説明するこの発想について、筆者はこれが今後、民主主義を考える上での前提になってほしいと思っている。少なくとも、政治について考える機会をもつ人にとっては常識になってほしい。それほどの強い願いをもって、本書はそれをここに紹介する。それは現在の民主主義、いわゆる議会制民主主義の単純な欠陥に関するものである。

私たちが生きるこの社会の政治制度は「民主主義」と言われている。「民主主義」は

「デモクラシー」の翻訳であり、「デモクラシー」は「民衆による支配」を意味するギリシア語の「デモクラチア」に由来する。民主主義とはつまり、民衆が自分たちで自分たちを支配し、統治することを言う。ここから一般に民主主義は、民衆が主権を有し、またこれを行使する政治体制として定義される。

　では、その主権はどのように行使されているか？

　主権者たる私たちが実際に行っているのは、数年に一度、議会に代議士を送り込むことである。つまり「民主主義」といっても、私たちに許されているのは、概《おおむ》ね、選挙を介して議会に関わることだけである。さて、議会というのは法律を制定する立法府と呼ばれる機関である。すると、現代の民主主義において民衆は、ごくたまに、部分的に、立法権に、関わっているだけ、ということになる[*1]。

　なぜ主権者が立法権にしか関われない政治制度——しかもその関わりすら数年に一度の部分的なものにすぎない——が、「民主主義」と言われうるのだろうか？　それは近代の政治理論、あるいは民主主義の理論に、立法府こそが統治に関わるすべてを決定する最終的な決定機関であるという前提があるからだ。後に詳しく説明するが（第三章参照）、近代の政治理論は主権を立法権として定義している。だから、その関わりがどんなに不十分であれ、とにかく民衆が立法府に何らかの形で関わっていれば、「民主主義」ということになる。

多くの場合、政治に対する批判は、「議会に民意が正確に反映されていない」とか「議会が民意から乖離している」といった仕方でなされる。これは近代政治理論の前提にのっとった批判である。つまり、主権は立法権にあり、主権者は選挙によってその立法権に関わっているわけだが、立法権を担う立法府（議会）に民衆の意思がきちんと届けられていないから、よりいっそう民意の反映が求められる……というわけだ。

この批判は正しい。実際、選挙制度には大いに問題があるし、議会が民意から乖離しているという印象もぬぐいがたい。故に、この正しい批判はこれまでもずっとなされてきたし、今もなされているし、またなされるべきである。

だが、この「正しい」批判の前提に盲点があったらどうだろうか？　この前提は近代初期に政治理論家たちによって作り上げられたものだが、そこに欠落があったとしたら？　ある欠落を抱えた前提に従って、政治に対する批判が延々と行われてきたのだとしたら？　本書の考えでは、この前提には単純な欠陥がある。しかもそれは誰でも知っている欠陥である。

立法府がすべてを決めるという建前

今問題にしている近代政治理論の前提とは、立法権こそが統治に関わるすべてを決定する最終的な権力、すなわち主権だ、という考えである。主権者が一定の領域内を支配し、治めることを「統治」と言う。近代の政治理論は、立法によって国家を統治することを目指したのだと言うことができよう。

立法とは法律を作ることである。法律は作られたら適用されねばならない。国または地方公共団体が、法律や政令、その他条例などの法規に従って行う政務のことを「行政」という。国ならば省庁、地方公共団体なら市役所や県庁などがこの行政を担っている。さて、近代政治理論によれば、主権は立法権として行使されるのだった。すると、そこで思い描かれているのは、主権者が立法権によって統治に関わる物事を決定し、その決められた事項を行政機関が粛々と実行する、そういった政治の姿であることになろう。

たとえば日本の国政で言えば、国会が立法という形ですべてを決定し、各省庁に勤める官僚たちがそれを粛々と執行する……。地方自治体で言えば、市町村・都道府県の議会が条例制定・予算案承認といった形ですべてを決定し、市町村役場・都道府県庁の職員たちがそれを粛々と執行する……。そういう前提になっている。これは別に日本が独自に決めたやり方ではない。近代初期に、政治哲学によって作られた主権の概念に基づいて採用されているやり方である。

しかし、誰もが知っているし、しばしば指摘もされているように、議会が統治に関わるすべてを決定しているとか、行政は決定されたことを執行しているに過ぎないというのは誤りである。なぜなら、行政は執行する以上に、物事を決めているからである。

たとえば新しい保険制度が作りたい。それを考えるのは官僚である。官僚がそれを議員のところにもっていく。議会では「はい、これでいいです」とお墨付きをもらうだけである。

あるいは、新しい道路を作りたい。「ここに道路を作ったらどうか？」「そこに作るのはおかしいでしょう？」などと議会で話し合ったりはしない。すべて役所が決めるのである。議会はその予算案を承認するだけだ。

実際に統治に関わる実に多くのこと、あるいはほとんどのことを、行政が決めている。しかし、民衆はそれに関われない。私たちに許されているのは立法権に（ごくたまに、部分的に）関わることだけだ。

それではとても「民主主義」とは言えないように思われる。民衆が実際の決定過程に関われないのだから。しかし、それでもこの政治体制は「民主主義」と呼ばれている。なぜか？　立法府こそが統治に関わるすべてに決定を下している機関であり、行政はそこで決められたことを粛々と実行する執行機関に過ぎないという前提があるからだ。この前提、主権を立法権と見なす前提があるために、実際に物事を決めている行政の決定過程に民衆が全く関われなくても、「民主主義」を標榜できるようになってしまっている。

　ここにあるのは実に恐ろしいシステムである。主権者たる民衆は実際の決定過程からははじかれている。だが、にもかかわらず体制は民主主義の実現を主張できる。立法権こそが主権であり、立法権を担う議会こそが決定機関であるという建前があるために、民衆が立法権にさえ関わっていれば、どんなに選挙制度に問題があろうとも、どんなにその関わりが部分的であろうとも、その政治体制を民主主義と呼ぶことができる、そういうシステムが作り上げられているのだ。

行政権に全く関われないという現実

私がこの問題に気づいたのは、今住んでいる東京都小平市で、都道の建設問題が起こった時だった。行政が道路を作ると言い出すと、住民への「説明会」さえ開催すればそれでよいというシステムができあがっていた（第一章参照）。住民は行政の決定過程に全く関われない。少なくともオフィシャルな仕方では関われない。私はこう考えた。行政が住民の意思を完全に無視して事を進められる政治体制が、どうして「民主主義」と呼ばれているのか？

先に説明したように、この問いに対する答えは、私が研究している哲学に関わるものであった。近代の政治哲学は、主権を立法権として定義し、立法権こそが統治に関わるすべての物事を決定する権力であると考えてきた。だから民主主義に関しても、どんなに不十分であれ、民衆が立法権にさえ関わっていれば、その政治体制は民主主義であるという理屈がまかり通ってしまう。

この理屈は単純に誤っている。だが、この単純な誤りがなぜかこれまで指摘されてこなかった。

実際、「政治家は何も物事など決めていない。実際に物事を決めているのは官僚だ」というのはやや聞き飽きた感すらある指摘だ。これは誰でも経験的に知っている。ニュースや世の中を見ていればすぐに分かることだ。そしてまた、現在の民主主義がどこかおかしいということも、誰もがなんとなく気づいている。ところが、この政治についての経験知と、民主主義に対するボンヤリとした不満とを結びつける試みがなかった。

では、どうすればよいだろうか？　その前提に大きな、しかし実に単純な欠陥を抱えていた政治理論のもとで、どうやって新しい民主主義を構想していけばよいのだろうか？

本書の主張は単純である。

立法府が統治に関して決定を下しているというのは建前に過ぎず、実際には行政機関こそが決定を下している。ところが、現在の民主主義はこの誤った建前のもとに構想されているため、民衆は、立法権力には（部分的とはいえ）関わることができるけれども、行政権力にはほとんど関わることができない。

確かに県知事や市長など、地方自治体の行政の長を選挙で選ぶことはできる。しかしだからといって行政の決定過程に民衆が関わっているとは到底言えない。そもそも個々の政策には全く口出しできない。それでも「民主主義」と言われるのは、行政機関は決められたことを実行していく執行機関に過ぎないと、つまりそこに民衆が関わる必要などないと考えられているからだ。

ならば、これからの民主主義が目指すべき道は見えている。立法権だけでなく、行政権にも民衆がオフィシャルに関われる制度を整えていくこと。これによって、近代政治哲学が作り上げてきた政治理論の欠陥を補うことができる。主権者たる民衆が、実際に物事を決めている行政機関にアクセスできるようになるからだ。

行政権にオフィシャルに関われる制度とは

方向性は確認できたとして、では、行政権に民衆がオフィシャルに関われる制度としてどのようなものが考えられるだろうか？

　ここでは私が思いついているものだけを列挙する。後述するように（第四章参照）、そうした制度は数が多ければ多いほどよい。近代の政治理論は、あらゆる政治イシューを議会という一つのアリーナに集約し、そこですべてを決するという一元論的な体制を構想してきた。それに対し本書は、問題の性格に合わせて様々な制度を活用できる、決定プロセスを複数化した体制を提案する。

　本書が提案する制度の一つは住民投票である。住民投票は行政が決定した政策に対し、住民が明確な意思表明を行う手段として有効である。現在のところ法的な拘束力はなく、一種のアンケートのようなものであるが、議会や行政がその結果を完全に無視するということは難しく、かなりの効果をもつ。ただ多くの場合、実施にまで至るのが難しい。住民投票の実施を請求しても、議会がこれをほとんどの場合斥《しりぞ》けてしまうからである。この点に改良の余地がある。

また、国は一時期、大型公共施設を対象とするものに限り、住民投票に法的拘束力を持たせる制度の導入を検討していた。二〇一一年二月には、総務省がそのための地方自治法の改正案をまとめていたのだが、地方の首長および議会からなる団体「地方6団体」がこれに猛烈に反発し、改正案が反故《ほご》にされたという経緯がある。大変残念ではあるが、しかしこの事実は、住民投票に法的拘束力を持たせることが現実に可能であることを示している。改正案の再検討が望まれる。

次に審議会などの諮問機関の改革。諮問機関は、政治家や役所が、ある案件について専門家を集め、そこで審議された内容をもとに政策決定を行うという組織である。しかし、多くの場合、そこに出席している委員の顔を見ただけで結論が見えると言われる。政治家や役所は、自分たちの政策の後ろ盾を得るために、検討するような振りをしてこうした組織を立ち上げることも多い。

したがって、その構成には何らかの制限が加えられねばならない。そして、これは問題の性格によって個別具体的に判断しなければならないものだが、住民・国民が必ず一定数参加できるようにしなければならない。今でも地方では住民が審議会に参加できる仕組みはある。しかしこれも形骸化している。

また、これは特に地方での活用が期待されるものだが、この諮問機関を発展させた制度として、住民と行政の双方が参加するワークショップが考えられる。行政が決めて住民に説明するのではなく、行政と住民が一緒に考えるのである。

ただしこれには条件がある。役所から数人の人が来て、住民が何人か参加しただけでは、議論がうまく進められるわけがない。したがって、議論をうまく進めるための専門家が必要である。そこで、ファシリテーターと呼ばれる専門技能をもった人に参加してもらう。住民参加のためにはこのような専門家が必要である。それが第三者機関によって提供されれば、住民の政治参加は現実のものとなる。これは既に行われていることである。

最後にパブリック・コメント。現在、行政が何かを行う際には周知期間を設け、広く意見を公募することが義務づけられている。しかし、いかなる意見が多数を占めようとも、当初の行政の決定が覆されることはなく、「広く意見を集めた」という言い訳のための手段に成り下がっているとの指摘が多い。

この指摘はもっともだが、むしろここで留意すべきは、パブリック・コメントすら集めないのはさすがにマズイという雰囲気が既に浸透しつつあるという事実である。つまり、行政の方でも、自分たちにあまりに強い権限が与えられていて、民衆の意見に全く耳を傾けずに事を進められるという現状に疑問をもち始めている。この意識を制度に反映させねばならない。特定の意見が一定数あるいは一定の割合を占めた場合には、当該事案の再検討を義務づけるなど、パブリック・コメントを形骸化させない制度が求められる。

議会制民主主義には様々な問題がある。だが、議会制度そのものを根本から改変するのは難しい。しかし、そこに様々な制度という強化パーツを足し、議会制民主主義を補強していくやり方ならば実現は難しくない。制度を少しずつ増やしながら、たえまなく民主主義を強化していくことができる。もちろん、右に挙げた制度だけでは十分ではない。今後、様々な制度が強化パーツとして考案されていく必要がある。

哲学に携わる者としての責任

ここでもう一度、理論的な問題に戻って議論を整え、この「はじめに」を終えたい。民主主義、あるいは議会制民主主義については、既にいくつかの典型的な意見がある。それらを予め検討しておこう。

「日本は議会制民主主義、すなわち間接民主制だから、住民投票のような直接民主制の制度を利用する必要はない」という意見をたまに聞く。政治哲学について何も知らない人ならともかく、「学者」と称している人からこのような意見を聞くこともあるから驚いてしまう。

間接民主制か直接民主制かという問題設定自体が、そもそも問題を摑み損ねていることはここまでの説明からでも十分に理解できるだろう。主権を立法権として定義し、立法府を決定機関と見なす（したがって行政機関を単なる執行機関と見なす）近代政治哲学の理論的前提が問題なのであって、間接か直接かは問題ではない。そもそも——実際には不可能だろうが——有権者の全員が参加する直接民主制の議会が作られたとしても、問題は少しも解決しない。立法権によってすべてを統治することは不可能なのだから、結局は行政が様々な事実上の決定を下すことになるだろう。

「直接民主制が本当は望ましいが、それはできないから間接民主制にしているのであって、間接民主制は必要悪である」という意見もよく聞くのだが（誰がこんなことを言い始めたのだろうか？）、これも全く問題を捉え損ねている。今述べた通り、問題は直接か間接かというところにあるのではなく、立法権ですべてを制御しようという発想そのものにある。仮に有権者の全員が参加する直接民主制の議会が作られたとしても、実際の政策決定を行政が行うという問題は少しも解決しない。

この意見は、「間接民主制は必要悪である」という勘違いによって、実際には行政が政治的決定を下しているという本質的な問題を覆い隠してしまっており、その意味で極めて有害と言わねばならない。「今の政治体制が民主的でないのは間接民主制のためだが、これは必要悪なのだから仕方ない」というとんでもない解釈が出てきかねないのである。

民主主義について考えるというと、私たちは民衆が立法権にどう関わっているか、どう関われているかという点ばかりを考えてしまう。つまり、立法府たる議会と民衆の関係ばかりを考えてしまう。しかし、現在の民主主義の問題を正面から考えるためには、立法権が議会に委ねられた時よりも前に遡らねばならない。立法権によって主権を定義し始めた時のことを問題にしなければならないのである。その定義は政治哲学によってなされた。だから、今の民主主義の欠陥に対して、哲学は責任を負っている。哲学に携わる者が、何としてでもこの問題を考え抜かねばならない。本書はそのためのささやかな貢献である。

本書の構成を説明しておきたい。

哲学の研究をしている私が、以上に説明してきた近代民主主義の問題に気づいたのは、地元の東京都小平市で道路の建設問題が起こった時であった。住民の間から反対運動が起こり、最終的には都内初の直接請求による住民投票が行われるに至った。そこで、まず第一章で、都道328号線の問題と、その是非を問う住民投票が実施されるまでの経緯を詳しく紹介する。

第二章ではそうした経緯を踏まえ、住民自治と現在の民主主義について状況論的な分析を行う。住民運動の諸問題についてもできる限り解説したい。

第三章では右に説明してきた、現在の民主主義と政治哲学の問題をより詳しく説明する。右で紹介した論点は、もちろん、単に私が一人で考えたものではない。既に研究がある。最新・最先端の研究を紹介しながら、民主主義の問題点を詳しく検討する。そのためにはまず、「政治とは何か?」という基本的なところから議論を説き起こさねばならないだろう。

第四章ではこれからの民主主義を考えるための提言を行う。おおまかな内容は右に紹介した通りだが、それに理論的な裏付けを付け加えるために、再び哲学の手を借りる。また、住民投票やパブリック・コメント、ワークショップなど、現行の制度の状況についても事例を通じてより詳しく紹介する。理論と事例を通じて、今後の民主主義の方向性を見定めたい。

第五章は民主主義という理念そのものについて考える。しばしば「日本には民主主義が欠けている」という言い方を耳にする。しかし、そこで思い描かれている「民主主義」とは何だろう？「欠けている」と言うためには、その欠けているものの姿がはっきりと見えていなければならない。すると、実現されるべき民主主義の完成形は分かっているが、それが様々な障害によって実現されていない……ということなのだろうか？ ある哲学者の言葉をもとに、これを考えたい。

第一章

小平市都道328号線問題と住民投票

住民が行き交い憩う大きな雑木林

この章では、筆者が近代政治理論について考え直すきっかけとなった出来事を、個人的な経緯も含めて紹介したい。それは東京都小平市に建設が予定されている都道３２８号線の問題である。

私が東京都小平市に住み始めたのは二〇〇六年末のことである。

小平市のことは何も知らなかった。全くの偶然から、西武国分寺線鷹の台駅付近にある都営住宅に住むことになった。鷹の台という駅の名前も聞いたことがなかった。しかし、私はすぐにそこが気に入った。駅前には良質な素材を販売する個人商店が残っている。周囲には大学がいくつもあるので、若者が街中にあふれていて活気がある。

そして何より緑が多い。駅のすぐ脇の中央公園はその小高い丘が樹木で覆われ、駅からはいつも木々が見える。駅の南側には、有名な玉川上水が東西に走っている。その脇には木が生い茂る遊歩道があり、そんな贅沢な道を地域の人は当然のように行き交っていた。ここは休日になるとわざわざ遠くから散歩に来る人もいる、そんな「観光地」でもある。玉川上水遊歩道を通って、毎朝、娘を保育園に送っていくのを、私はとても贅沢なことだと感じていた。

もう一つ、大切な緑があった。それは都営住宅の正面にある大きな雑木林である。駅を出るとすぐに中央公園があり、公園を通り抜けるとその雑木林が現れる。都市部によくある保護樹林とは異なり、誰もが気軽に入って緑を楽しめるのがその雑木林の特徴だった。子どもも大人も老人も、なんとなくそこに立ち入り、なんとなくそこで遊び、なんとなく休んでいる。確か月曜日の朝早くは大きな犬を連れた人たちが集まっていた。太極拳をしている人たちもいる。近くの幼稚園・保育園、あるいは小学校からは子どもたちが来る。お弁当を食べて、どんぐりを拾っている。

今でもよく覚えているのは、引っ越し作業中のことである。引っ越しは秋だったが、荷物を部屋に運び入れていたら、奇妙な形をした巨大なオブジェがこの雑木林にあるのが目に入った。引っ越し中で忙しかったので気にもとめなかったのだが、ふと気がついたらそれがなくなっていたので、「見間違いかな」とも思った。後から分かったのだが、それは鷹の台にある武蔵野美術大学彫刻学科の学生たちが毎年開催しているアートイベント「小平アートサイト」の展示物であった。中央公園やこの雑木林に、一週間ほど、学生たちの彫刻作品が展示されるのである。

都心のオシャレな街中にアバンギャルドな芸術作品が展示されるというのはよくある話であって、おもしろくもなんともない。何の変哲もない西武線の駅の近くに、突如、「芸術作品」が現れるところに、このイベントのおもしろさがある。

ある年は、数メートルもある巨大な鋼鉄製のブラジャーが雑木林に置かれていた。子どもたちが中に入れる体験型の作品も少なくない。次の年から私は、雑木林と中央公園で開催されるこのイベントをとても楽しみにするようになった。そして、周辺住民の憩いの場であり、芸術作品の展示会場にもなるこの雑木林を素晴らしいと思うようになった。

またこの雑木林を享受しているのは人間だけではない。この雑木林は渡り鳥の中継地点になっていることが確認されている。鳥たちもここで疲れを癒しているらしい。また、別の調査では、多数の絶滅危惧種に指定された動植物が生息していることも分かった。鷹の台付近の緑の中では、人と動植物と自然が当たり前のように関係し合っていた。

小平は緑が多いことで有名である（なお、畑も多い）。住民の多くが、小平に住み続けることの理由の一つに「緑の多さ」を挙げているという。アンケートに答える際、鷹の台付近の緑を思い描いていた人も多かったであろう。私自身もこの住環境を本当に気に入った。その後、私は都営住宅を出て、近くに居を構えることになった。

説明会での頭を殴られたような体験

ところが、確か二〇〇九年あたりのことであったろうか、驚くべきニュースを耳にする。この雑木林と玉川上水を貫通する巨大な道路を建設する計画があるというのである。早速思ったのは、「なんで車が減ると言われ、車が売れなくて困っているこの時代に、わざわざ新しい道路を作るのだ？」ということだった。自分としては、この素晴らしい住環境を道路と車に荒らされるのはたまらないという気持ちだった。酷い話だ、と思った。

ただ、同時に安心もしていた。住民の多くは反対だとも聞いていたからである。道路予定地は雑木林と玉川上水だけでなく、その南北に位置する大きな住宅街を貫通しなければならない。おそらく大変な数の民家に立ち退きを強いることになるだろう。その住民たちが反対しているのなら、土地を売らないから道路は作れない。「まぁ大丈夫だろう」というのがその時の正直な感想だった。

時は過ぎていった。私の頭の中で道路建設計画の話は少しずつ薄れていった。

そんな二〇一〇年の初頭、都道建設の説明会があると知る。「行っても行かなくてもどちらでもいいかな……」という気持ちだった。説明会の日、ちょうど娘と駅前で買い物をしていた。すると、若者が一人、「道路説明会はこちら↓」と書いたスケッチブックをもって立っていた。あれは誰だったのか今でも分からないのだが、ある意味では彼が私をこの問題に対する考察に導いてくれたのだった。説明会は中央公園の体育館で行われることになっていた。私は娘に行ってもいいか尋ね、そして会場に向かうことにした。

冬なのでとても寒かった。そのためだろうか、会場に入ると、いきなりカイロと毛布を渡された。それを手渡す都庁の職員が信じられないほど丁寧であった。カイロと毛布をもって廊下を歩いていくと、開店したばかりの朝一〇時のデパートのように、職員たちが通路の両側に並んでいて、頭を深く下げながら、「いらっしゃいませ」と大きな声で挨拶してくる。

何かがおかしかった。説明会ごときでなぜ職員たちがこんなに丁寧に振る舞わねばならないのか。どうもあやしいと思った。会場である広い体育館は満員である。どことなく緊迫している。私は後ろの方に座った。

定刻になり説明会が始まった。行政が行う「説明会」に参加するのは初めてだった。そしてそれは想像を絶するものだった。

最初に三〇分ほどのビデオを見せられた。どうしてこの道路が必要なのかを延々と説明するビデオである。大分お金がかけられているようだった。なお、巨大なスクリーンはわざわざ巨大トラックで都庁から運んできたとのことである。

ビデオを見終わった後。質疑応答コーナーが始まった。その時に気づいたのは、この会場を満員にしている住民たちはほぼ全員が計画に反対であり、この質問コーナーを待っていたということである。ところが、司会を務めている都庁の職員から突然、次のような「ルール」が会場に課された。質問は一人一回。そして、答えに対する再質問は禁止。つまり、都庁の職員が質問に答えたら、それに対して、「でも、それはこうじゃないですか？」とか「だとすると、こうなりますよね」とかいった応答は一切できないということである。つまり、話し合うつもりはないということである。

「ずいぶんお金がかかっていると思われるビデオを先ほど見せてもらったが、これにはいくらかかっているのか」という質問があったが、都庁の職員は答えなかった。「住民はこの計画に納得していない。なのになぜ説明会なのか？　おかしいではないか」という質問も、都庁の職員はこれをはぐらかした。要するに彼らは、「道路を作ることが決まりました。いいですね？」と、都庁のある新宿西口から小平まで言いに来ただけである。

私は呆然として聞いていた。「何が説明会だ」と激しい言葉を浴びせる人たちもいた。

司会は「時間になりましたので」と言って会を閉じた。

何と言ったらよいだろうか。私はバットで頭を殴られたような気になった。私たちは民主主義の世の中に生きている。少なくともそう言われている。ところが、自分たちが住んでいる土地に道路が建設されると決まったら、それに対してもの申すことも許されない。質問に対する再質問もできない。行政は道路建設を勝手に決めて、「説明会」を開いて終わりということである。呆然としながらも、だんだんと怒りがこみ上げてきた。

だが、それと同時に自分の中で、ある問いが成立しつつあった。おそらく、このような「説明会」はこれまで何度も、全国で繰り返されてきたのだ。行政が勝手に決めて、住民には説明するだけというこのやり口は、何度も繰り返されてきたのだ。だが、それにもかかわらず、今の社会の政治制度は民主主義と呼ばれている。それはなぜなのか？　これは単に行政のやっていることが酷いという問題ではない（確かに酷いが）。どこかにいる権力者がうそぶいて、民主主義でないものを民主主義と呼んでいるということでもない。こうしたことを行っていても民主主義を標榜できるような理論的なトリックがある。そのトリックに切り込まなければ、この行政の横暴を根底から覆すことはできない。

なぜこれを民主主義と言い張れるのか

この「住民説明会」で気づいた重要な事実は、実際に私たちの生活に関わる事柄を決定しているのが行政だということである。

たとえば、公立保育園を民営化する。それを決めるのは市役所などの行政である。道路を作る。それを決めるのも行政である。行政は実に強大な権限をもっている。よく考えてみると、実生活に関わるほとんどの事柄を決定しているのは行政である。私はもともと政治学や政治哲学を勉強していたために、むしろその単純な事実に実感をもって気づくことができていなかった。なぜなら私は、ぼんやりと、議会こそが物事を決める場所であると思っていたからである。

実生活に関わるほとんどのことは行政が決めている。その事に気がつくと、とても奇妙な事態が見えてきた。私たちは選挙で代議士を議会に送り込むことはできても、行政の、たとえば都庁や市役所の政策決定プロセスにはほとんど関われない。行政がどうやって物事を決定しているのか、そのプロセスすらほとんど知らない。「民主主義」の世の中なら、どんなことも民衆の手で決められるはずである。ところが、地元の道路建設にすら何も言えない。どうしてそれなのに民主主義と言われているのだろうか？

私たちは、行政の決定プロセスにほとんど関わることができない。行政の決定プロセスに関わる権利は保証されていない。それでも民主主義と言い張ることができるのはなぜなのか？　本書に至る考察はこうして始まった。

半世紀前に作られた道路計画

ここで問題の道路について詳しく説明したい。

問題の道路は、多摩地域を南北に走る「府中所沢線」と呼ばれる道路の小平市部分である。正式には「小平都市計画道路3・2・8号府中所沢線」と呼ばれている（以下、「328号線」と略称する）。府中所沢線の総延長は約二七キロ。小平市部分の328号線は一・四キロある。幅三六メートル（一部三二メートル）で四車線の巨大な道路である。東京都は多摩地域の道路ネットワークの充実、都市間の連携強化などを主な建設理由に挙げている。また震災以降は、火災の燃え広がりを巨大道路が防止するという理由を強調するようになってきている。

道路は鷹の台駅付近を南北に貫くように設計されている。多くの人が暮らす住宅地と、先ほど紹介した雑木林、玉川上水を貫通する。二〇〇世帯以上が立ち退きを強いられる。

四八〇本の樹木が切られる。総工費は二〇〇〇億円をくだらないと推定されている。そのお金の八割近くが立ち退きのための費用になるという。また工費の半分は国から支給される。財政赤字で苦しむ国庫からの支出である。

何よりもまずこの計画について指摘しなければならないのは、この計画が半世紀前、一九六三年（昭和三八年）に策定されたものだということである。

交通を巡る状況は、当然その頃とは異なっている。だが、もとの計画のままに道路計画が進められている。当時は交通量の爆発的な増大が予測されていたと思われる。事実そうなった。しかし今はむしろ、自動車の販売台数の減少が心配されている時代だ。交通量の減少は誰もが口にしている。本当に新しく巨大道路を作る必要があるのだろうか。

また、これは私が最も強調したい点だが、この付近には実は既に道路が存在している。328号線建設予定地のすぐ脇を並行して、府中街道という道路が通っている。道路建設に反対の人の多くが、この府中街道をもう少し整備して活用すればそれで十分ではないかと言っている。私もその意見である。

東京都はこの府中街道について次のように述べている。

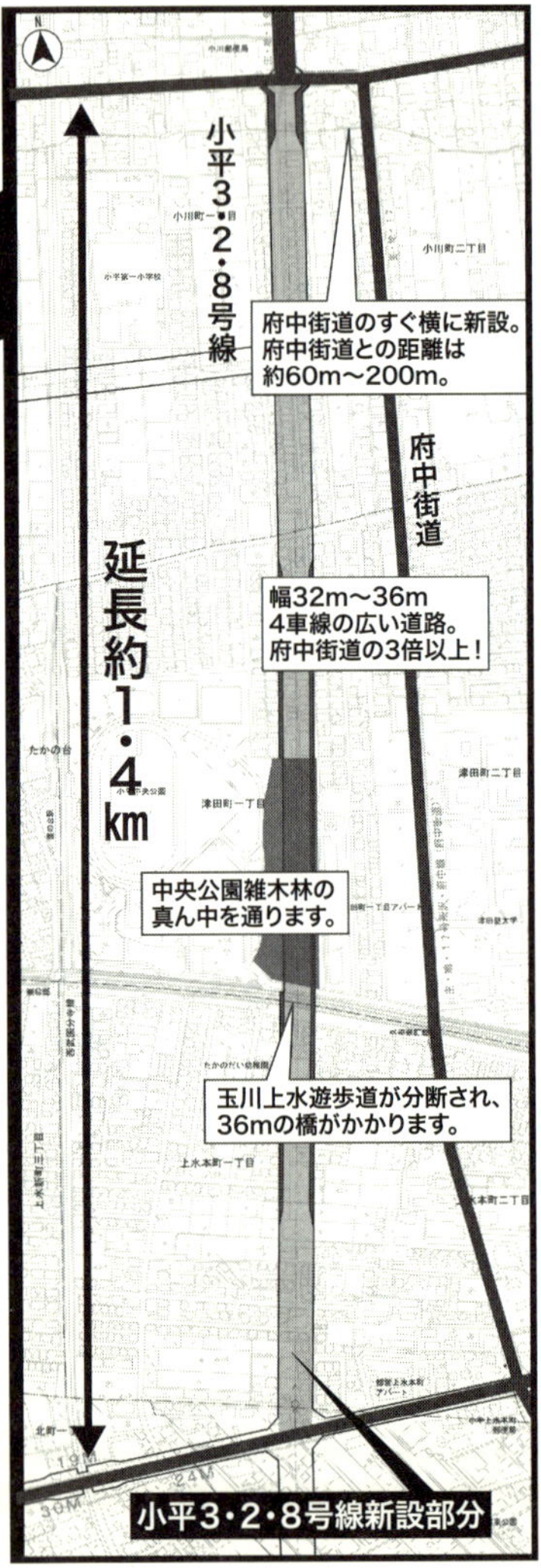

出典：小平3・2・8号線に関する「都市計画変更案及び環境影響評価書案のあらまし」（東京都発行、二〇一一年一〇月）をもとに、小平都市計画道路に住民の意思を反映させる会作成

図表1　府中所沢線全体と小平3・2・8号線新設部分の計画図

府中所沢線全体計画図

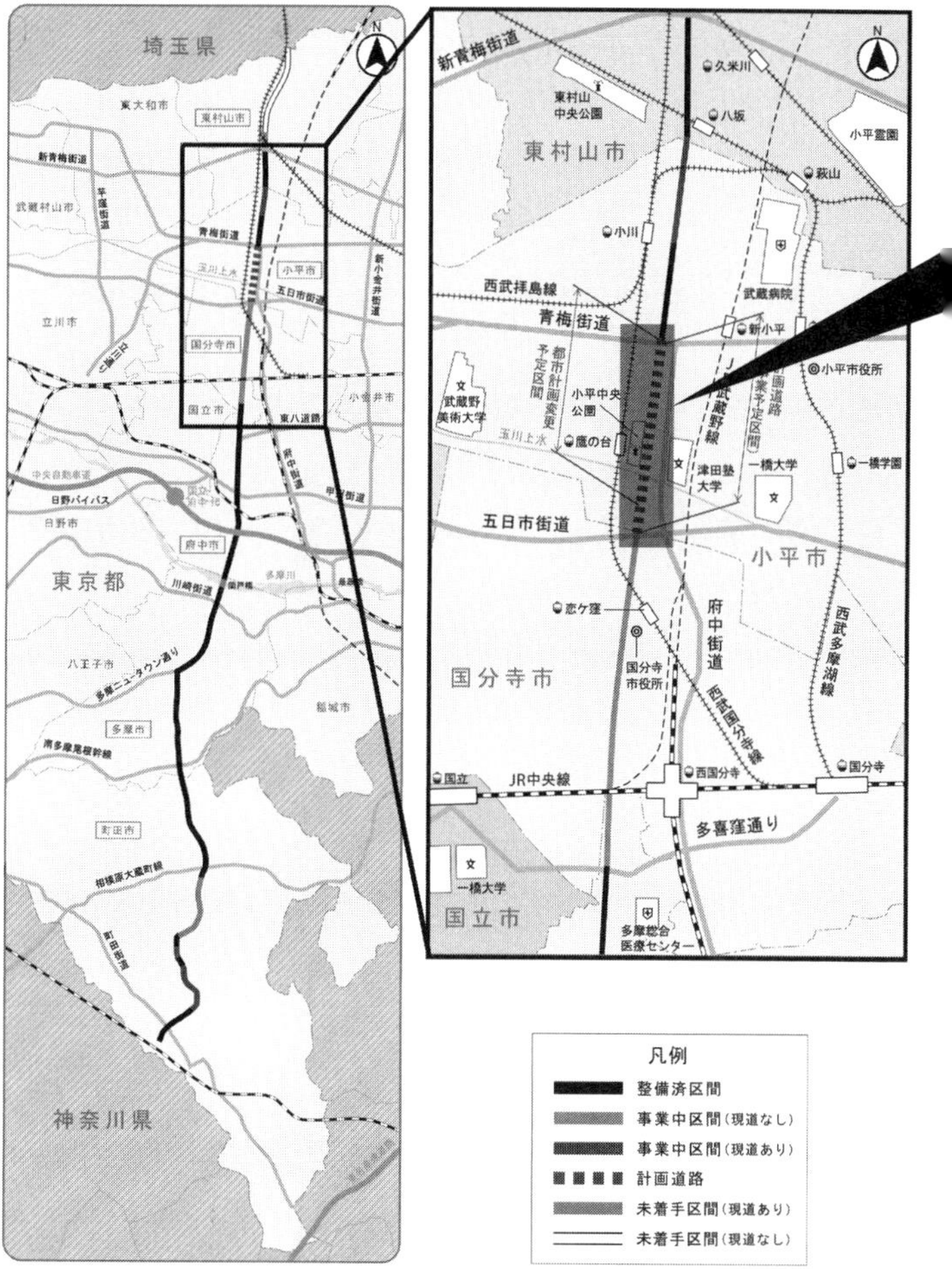

府中街道は、そもそも幹線道路としての役割を担っておらず、その機能も有しておりません。現状では都市計画道路ができていないため、幹線道路と同様の役割を担っているという状況です。[*1]

この文章はおかしい。「そもそも」幹線道路としての「機能」を有していないならば、「幹線道路と同様の役割」を担うことはできない。いまそれを担っているにもかかわらず、そのような「役割」をそこに認めることができないのは、単に「この道路は幹線道路ではない」と決めてい
る
か
ら
である。

もちろん、府中街道の機能には限界があるだろう。府中街道は二車線である。四車線の道路とは違う。昼はスカスカなのだが、確かに朝夕には渋滞もある。しかし、この渋滞の事実は四車線の道路を新たに作る理由になるとは思われない。なぜかと言うと、東京都はこの府中街道を少しも整備していないからである。

府中街道は北側部分で、市道であるたかの街道と交差している。この交差点が朝夕の渋滞の一つの原因になっている。なぜそこで渋滞が起きるのかというと、府中街道には右折帯も左折帯も作られていないからである。たかの街道は市道だというのに、それがある。

不思議である。同じ問題が、より南側の久右衛門橋の信号にも言える。また、ずっと南では西武線と交差しているが、もちろん高架にはなっていない。

どうして、「幹線道路と同様の役割を担っている」都道に右折帯や左折帯がないのか？理由は簡単だ。五〇年前から328号線の計画があるからである。それを作ることになっている以上、府中街道の渋滞を緩和する必要はない。なぜならいつか大きな道路が脇にできることになっているのだから。したがって、府中街道は少しも整備されない。

必死に模索された道路建設の理由

つまり東京都は、「府中街道の渋滞をどうにかしたい！」と心から願っていて、「だから328号線を作らせてほしい！」と考えているのではない。328号線を作る計画があるから、府中街道の渋滞を口実に持ち出してきたのであり、328号線を作る計画があるから、府中街道の渋滞がなくならないのである。その意味では328号線計画によって、府中街道に渋滞がもたらされたという側面すら指摘できる。

しかも、府中街道の渋滞は交通量の減少によって緩和している。実際、数年後の渋滞の自然解消を予測させる数値が調査によって提出されている（巻末の「付録1」を参照されたい）。

一九八〇年代はバスが三〇分遅れるのは当たり前だったという。今ではそんなことはない。また、府中街道が最も渋滞していたその時期には328号線計画は凍結されていた。328号線計画がなぜか——今もってその理由は謎めいたままなのだが——復活してきたのは一〇年前のことだ。渋滞を理由に328号線を作りたいのではない。何らかの理由で突如、五〇年間凍結されていた計画が復活してきたから、必死に理由が模索されたのである。

必死に模索した末に発見された道路建設理由の代表が、「火災燃え広がりの防止」である。おそらく、震災の記憶が新しい今ならば、そして、「震災被害」という言葉を持ち出せば、誰もが黙り込むと考えたのであろう。

確かに、町中を巨大道路が網の目状に走れば、火災の燃え広がりを防ぐことができるだろう。しかし、だからといって町を巨大道路で切り裂いていくつもりだろうか？　小平市には328号線を含め、全部で二四本の都市計画道路の計画があるというから、これももしかしたら冗談にはならないかもしれない。だが、この災害の話について冗談ではすまない話がある。それは328号線がほぼ全滅させようとしている雑木林がもたらすであろう延焼防止機能（火災が燃え広がるのを防ぐ機能）のことだ。

森林が延焼防止機能をもたらすことは広く知られている。「延焼防止」「森林」でインターネットを検索すればすぐに資料が見つかる。*2　328号線が潰そうとしている雑木林は、災害時の避難場所である中央公園のすぐ脇にある。避難場所が雑木林によって守られているとすれば大変心強い。しかし、そうしたことは全く無視しながら、「町中を巨大道路が縦横無尽に走れば、火災が燃え広がらないから安心だ」と東京都は説明していることになる。

「私たちは年をとりました」

この道路計画は五〇年前のものだが、実は、鷹の台2号団地と呼ばれる、道路が貫通する予定の住宅地は、この計画が策定される直前にできたものだった。小平には今も畑が多いが、建設予定地もかつては畑ばかりだったようだ。そこに人々が土地を買って家を建てた。その住宅地の周囲は畑であったらしい。ところが、住宅地ができあがってすぐに、この道路計画が策定される。住民は猛反発した。なぜ私たちが家を建てたばかりのこの土地に道路を通すのか？　脇には宅地化されていない土地があるではないか？——全くもって当然の意見と言う他ない。2号団地の方々は今も道路建設に反対されている。もう五〇年間である。

なぜ脇に宅地化されていない土地があるというのに、宅地化された土地に道路を通そうとしたのだろうか？　理由は簡単である。道路を真っ直ぐに通したいからだ。建設予定地の地図を見てもらえば、府中街道がクランク状になっていることが分かる（図表1）。それを真っ直ぐにしたいというのが、この道路建設計画を突き動かしている根源的な欲望である。

正直に言うなら、地図だけを見ていると、この道路を真っ直ぐにしたいという気持ちは分からないでもない。いや、カックンと曲がっているところだけを地図で見せられたら誰でも真っ直ぐにしたいと思うかもしれない。

しかし道路は地図の上ではなくて、土地の上を通る。そして、土地には人が住んでいて、家が建っていて、木々が生えていて、水が流れていて、植物や動物や昆虫が生きている。具体的な生がある。土地をいくつかの線に抽象化した地図からでは絶対に分からない、個別具体的なものがある。[*3]

現実は具体的である。やや言葉は強くなってしまうが、地図だけでこの道路建設問題を考えられると思うのは、傲慢というよりも、単なる無知への居直りと言う他ない。現実は抽象化された時、頭の中で思いのままに組み立てられるオモチャのようになってしまう。

私自身は、328号線計画は変更し、府中街道の整備を行うのが妥当な判断であろうと思っている（事業計画を撤回する必要はない。内容を変更して継続すればよい）。整備といっても、いくつかやり方があるが、まずは右折帯と左折帯を作ることだ。踏切を高架にすることもできるかもしれない。住民として見ている感じでは、それで朝夕の渋滞は相当に緩和できる。

もちろん、府中街道を整備して有効利用するという案が仮に採用されても、府中街道に多少の渋滞は残るかもしれない。だが、その多少の渋滞は巨大道路を建設するための口実になるだろうか？

道路建設の総工費は二〇〇億円を下回らない。そのうち半分は東京都が負担し、半分は国からの補助金になる。東京都のお金は、都民の方々が働いて稼いだお金だ。国からの補助金は国債によってまかなわれるものだ。ここまで疑問のある計画にそんな大金を投じるべきだろうか？　住宅地のコミュニティと自然環境を破壊してまで、これだけ巨額の税金を投じた道路を建設するべきだろうか？

東京都が実施する例の「説明会」で、五〇年前からこの道路計画の問題に取り組んできた2号団地に住むご老人が、大変印象的な一言を東京都の職員に向かって言ったことがある。

「私たちはもう五〇年も反対してきましたよ。だから私たちは年をとりました。あなた方は年をとらないけど」

どういうことだかご理解いただけるだろうか？　五〇年前から今まで、計画を進めているのは「東京都の職員」である。数年ごとに担当者は変わる。説明会のたびに前に座る人が変わる。だから「東京都の職員」は五〇年前からずっと年をとらない。2号団地の方々は実際に年をとりながら、絶対に年をとることがない行政の職員を相手に、ずっと「私たちの声を聞いてください」と言い続けてきた。それが五〇年間叶わなかった。今の日本では、行政に対してもの申すとは、絶対に年をとらない「職員」に向かってものを言い続けるということになってしまっているのである。

活動の始まり、聳《そび》える巨大な壁

次にこの計画に疑問をもった人たちの活動について紹介しよう。この活動は最終的に、東京都では初めての直接請求による住民投票を実現することとなる。なお、私は途中から、しかもかなり後になってから、住民投票運動を応援するようになったので、それまでの活動には全く立ち会っていない。ここでは、現在、「小平都市計画道路に住民の意思を反映させる会」の共同代表である水口和恵さんのインタビュー[*4]をもとに、住民投票に向かう運動のおおまかな経緯を紹介しようと思う。

水口さんがこの道路計画のことを知ったのは二〇〇六年末のことであるという。水口さん自身、あの雑木林の付近に住んでいて、よく子どもを連れて遊びに行っていた。だが、ある時、雑木林を貫通する道路計画があることを知る。それを知った水口さんは、このまま何もせずあそこに道路を作られてしまうのはイヤだという思いから、周囲の関心をもつ人と連絡を取り合い、二〇〇八年四月に「都道小平3・3・8号線計画を考える会」を立ち上げる（当初、328号線は338号線と呼ばれていた。道路幅の拡張により名称が変更されたのは二〇一二年一一月のこと）。

現在、「どんぐりの会」代表の尾川直子さんも、この会の設立メンバーの一人である。どんぐりの会は、「まずはこの雑木林に一歩足を踏み入れ、その心地よさを体感してもらいたい」という気持ちで二〇〇八年八月に設立されたものである。雑木林で幻燈会を開いたり、夏鳥・冬鳥の調査をして「みんなのどんぐり林マップ」を作るなど、雑木林に親しんでもらうための入り口となるような活動を行っている。

さて、水口さんたちは、都が作成した328号線の環境影響評価書に対する意見書を送ったり、署名を提出したりしたが、東京都も小平市もまともに取り合わなかった。署名に至っては、計画の見直しを求める署名を計三回も行い、累計五九七九名プラス二四団体分の署名を提出しているが、全く無反応であった。

小平市の小林正則氏はいわゆる革新系の市長だが、水口さんたちが提出した要望書に手応えのある回答はしてこなかった。小平市役所の担当部署に行っても、都市計画道路は東京都が事業主であり、私たちにはどうにもできないと言う。東京都に行っても、「歩道をどうするとか、植木の植え方をどうするとか、そういうことでは市民の意見を取り入れられるが、小平市に平面構造で四車線の道路を作ることはご理解ください」という態度だった。

東京都は道路が必要であるという根拠として、自動車の交通量が二〇〇五年から二〇三〇年にかけて二二パーセントも増加するという数字を挙げている。人口も車も減るこの時代にそんなことが起こるとは到底信じられないが、この数字の出どころを聞いても、国交省のデータであると回答するだけであり、自分たちで検証はしない。国交省に問い合わせると、コンサルタント会社に丸投げで自分たちは結果を受け取っただけだという。

水口さんはこうした一連の活動を続けながら抱いた思いを次のように回想している。「すべてがこんな調子で、目の前に巨大な壁が聳えているような思いになる。だからいつも行政の方との話が終わると腹が立つというか、ああ今日もこうかと、すごく虚しくなりました」。水口さんたちの活動をこうして整理してみると、行政が自らの決定プロセスから住民をどれだけ排除しているかがよく分かる。

しかも事態はいっそう深刻さを増していく。東京都が二〇一二年度の末、すなわち二〇一三年三月に国交省への「事業認可申請」を行う予定であるという知らせが舞い込むのである。事業認可申請というのは公共事業にとって極めて重大な意味をもっている。事業が認可されなければ、もちろん公共事業は行えない。しかし、申請してしまえば、認可されないことはほとんどない。そして、ひとたび認可されてしまえば、それを覆すことは非常に難しい。

また、事業認可によって事業主には強制執行の権利が与えられる。もし反対して土地を売らない住民がいたら、事業主にはその家をブルドーザーで壊してしまうことすら許されるようになる。もちろん、強制執行は滅多に行われない（特に、道路建設で強制執行が行われることはまず考えられない）。だがこれは恐ろしい権利である。私自身、住民が反対していれば道路は作られないと思っていた。住民が土地を売らなければそれでおしまいだと思っていた。違うのだ。住民が土地を売らなければ、ブルドーザーで建物を壊すことすら最終的には許されている。私たちは、行政に対してそんな権利が認められている「民主主義」国家に生きているのだ。

ついに住民投票請求を決断

切羽詰まった状況の中、水口さんたちはもはや住民投票で住民の意見を表明するしかないという決断を下す。当初、会の中には反対する人もいたという。こんなに小さな会で住民投票請求などできるはずがないというのがその理由であった。もっともな意見である。この頃、「都道小平3・3・8号線計画を考える会」は、「スーパーさえき」の前の集会所で毎週集まっている小さなグループに過ぎなかった。そんな会が、住民投票条例案を作成し、大量の署名を集めて小平市議会に提出するなどというのは確かに想像できなかったであろう。しかし住民投票は後に実現する。

二〇一二年一〇月、市内の一四団体が集結して、「小平都市計画道路に住民の意思を反映させる会」を発足させる。何度も何度も議論して住民投票の選択肢を、「住民参加により計画案を見直すべき」か「計画案の見直しは必要ない」かの二つとした。この選択肢は、道路計画に賛成か反対かを問うものではない。後に検討するが（第二章参照）、これは実に画期的な選択肢であった。

住民投票について簡単に説明しよう（詳しくは第四章で紹介する）。住民からの請求によって投票を実施するには、住民投票条例を制定しなければならない。住民が条例案制定を請求するためには、請求の届け出をした日の翌日から一カ月の間に、有権者の五〇分の一の数の署名を集めて提出しなければならない。規定の数を超える署名が集まった場合は、条例案を首長（今回の場合は市長）が検討し、意見を付して、議会に提出する。議会はそれを審議して、採決する。実に多くのハードルが設けられていることが分かるだろう。

住民グループにとって最初の難関は署名集めである。小平市の場合には約三〇〇〇筆の署名を集めなければならない。予定では一一月一七日から署名期間が始まるはずだったのだが、一〇月二五日に当時の石原慎太郎都知事が突然辞任し、一二月一六日に都知事選が行われることになった。選挙期間中は署名集めができない決まりになっている（なぜなのかはよく分からないが）。そのため急遽予定を変更し、選挙が終わった翌日に届け出を出すことになった。

このスケジュールには大きな問題があった。一二月一七日から一カ月となると、年末年始を挟むことになり、その分稼働できる日が限られてしまうからである。しかし事業認可申請が迫っている以上、これ以上先に延ばすわけにはいかない。苦渋の選択であった。

水口さんたちは署名開始時期が先になったのを受けて、「受任者」集めに力を入れることにした。署名は登録した受任者にしか集めることができない。三〇〇人を目標に受任者集めをしたそうだが、最終的には受任者は三八五人になった。

規定数をはるかに超える署名

私がこの住民投票運動について知ったのは、水口さんたちが受任者集めをしていた二〇一二年一一月である。偶然、ツイッターで小平の住民投票運動について知り、リツイートしたところ、尾川さんから「受任者になってくれませんか」というダイレクトメッセージを受け取ったのがきっかけであった。住民投票のことは何も知らなかったが、３２８号線の問題性は「説明会」で十分に分かっていたので、引き受けることにした。その時は、事業認可申請が迫っていることも、事業認可されてしまえば道路建設のためにブルドーザーで家屋を破壊できるようになることも何も知らなかった。

署名開始日が迫る中、水口さんから連絡があった。署名活動を盛り上げるために是非ともシンポジウムを開催してほしいという。「是非やりましょう」ということになったのだが、年末が迫っていて時間はなく、また場所探しも難しかった（場所探しは本当に大変だった……）。

最終的に二〇一二年一二月八日に小平市福祉会館市民ホールにて開催することとなるのだが、確かポスターができて周知を始めたのが、その一週間前の一二月頭で、準備期間は一一月下旬からの一〇日間ほどだったと思う。最初は道路計画のことも住民投票のこともよく分かっていなかった私が、短期間に猛勉強して、特に準備では尾川さんの力を借りながら、何とかシンポジウムを開催するまでに至ったのである。

ただ、それだけのことをしようという気になるうれしい出来事があった。人類学者の中沢新一さん、そして中沢さんが立ち上げたグリーンアクティブという団体が全面的にこの運動を支援してくれることになったのである。一一月二四日にはグリーンアクティブの石倉敏明さんと淵上周平さんが建設予定地の視察にも来てくれた。シンポジウムには中沢さんが登壇してくださることになった。

私は二〇一二年の初頭から中沢さんと対談を重ねていたのだが、その中沢さんが小平の小さな運動を全面的に応援してくださることになるとはとても想像していなかった。きっかけは「反映させる会」の神尾直志さんがグリーンアクティブに相談の手紙を書いていたことだった。事の重大性を察し、また私が関わっていることも知った中沢さんはこの後、積極的に運動を応援してくれることになる（中沢さんは街頭署名集めにも参加してくださり、マイクをもって街頭演説までしてくれた）。

中沢さんと私で行ったシンポジウム「どんぐりと民主主義」は盛況のうちに終わった。一週間にも満たない周知期間であったが、二〇〇人を超える人が来てくれた。この問題に対する住民の関心の高さを目の当たりにした気がした。[*5] 住民投票に向けての運動の中で初めて手応えを感じた瞬間だった。

そうして始まった署名集めは年末年始を挟む苦しいものであったが、最終的に三〇〇〇筆をはるかに超える七一八三筆の有効署名が集まる。これは運動を活気づけた。この数は小平市の有権者の二〇人に一人が署名してくれたことを意味する。大変な数である。

東京都初、住民直接請求による住民投票条例案可決

問題は次であった。グリーンアクティブの方からは、ここから気を引き締めなければならないと言われた。会の中にもそういった雰囲気があった。浮かれた気持ちは全くなかった。どれだけ署名を集めても議会で否決されればおしまいである。むしろ何もまだ始まっていないという気持ちであった。都議会で否決された原発都民投票のことも念頭にあった。二〇一二年六月、原発の是非を問う都民投票を行おうという運動は三二万筆の署名を集めたが、条例案は議会であっさり斥けられてしまった。実際の政治に住民が参加するまでのハードルは本当に高い。

市長の小林正則氏が道路建設賛成の立場であることは分かっていた。だから住民投票に反対の意見を付して議会に提出するであろうことが予想された。また議会は道路建設推進派が多数を占めていた。ただ、七〇〇〇人分を超える署名が集まったことで、議員たちに変化が見られたことも確かであった。ポイントは自民党とともに最大会派を形成している公明党だった。自民党の道路建設推進は絶対に揺るがない。だが、公明党は住民投票に賛同する可能性があった。

住民投票条例案の採決まで、様々な議会情報が飛び交い、私も本当にやきもきさせられ

た。住民たちが条例案可決を求めて、市長や市議会議員にハガキを送るという運動も行われた。私は議員に少し電話をかけたぐらいであったが、ロビー活動がいかなるものであり、そしてそれがいかに重要であるかを実感した。

最終的には、公明党が賛成でも反対でもなく、議会を退出することで勢力が逆転する。市長が否定的見解を付して議会に提出した条例案であったが、三月六日、小平市議会の特別委員会にて条例案は可決された。そして三月二七日には、本会議でも住民投票条例案は賛成多数で可決された。

この頃からメディアの小平への関心は高まる一方であった。新聞各紙は、署名活動の段階からこの運動を報じ[*6]、署名提出時には朝日新聞に、水口さんの写真と建設予定地の地図を載せたかなり大きな記事が掲載された。[*7]条例案成立となると、その注目度は段違いであった。条例案採決時は新聞各紙のみならず、[*8]NHKとTOKYO MXの二つのテレビ局の取材陣が小平市議会を訪れ、条例案可決について報じた。[*9]

私もメディアに出演の機会があるたびに、小平の住民投票について訴えていた。正月は坂本龍一さんのラジオ番組「RADIO SAKAMOTO」にお招きいただき、そこでも住民投票の話をした。[*10]『GQ JAPAN』というオシャレな男性誌にも登場させていただき、住民投票の話をした。[*11] 二月二二日には「どんぐりと民主主義」の第二回を開催し、中沢新一さんに加え、日本を代表する社会学者の宮台真司さんをお招きした。またしても会場は大盛況であった。[*12]

それまで知らなかったのだが、東京都内では、住民の直接請求によって住民投票が行われるのはこれが初めてということだった。これまで都内でも何度も住民投票の請求は行われてきたが、すべて議会と首長によって否決されてきた。それが小平市で実現したのである。だから注目度は非常に高かった。期待も大きかった。

驚くべき後出しジャンケン

ところが、住民投票条例案可決から二週間ほどたったある日、耳を疑うようなニュースが飛び込んできた。小平市長小林正則氏が住民投票条例案の修正案を提出予定だという。その修正案は、投票率が五〇パーセントに満たなければ住民投票は「不成立」とし、開票もしないという内容だった。

この経緯については少し遡って説明する必要がある。

小平市では、住民投票条例案可決の直後、四月七日に市長選挙が行われていた。小林正則市長はそこで再選され、三期目を務めることが決まった。*13 市長は条例案可決直後には「議会の意思を誠実に受け止めて、市としてすべきことをしていく」というコメントを発表していた(朝日新聞三月二八日付朝刊)。また市長選挙の最中には、住民投票に成立要件を付すなどという話は全くしていなかった。市長のコメントを信じ、「この人は最初は住民投票に反対していたが、成立したのだから粛々と実行してくれるだろう」と思って投票した人もいただろう。ところが再選後、小林市長は突然、住民投票に成立要件を付すと言い出したのである。

五〇パーセントの投票率というのは非常に高いハードルだった。小林市長自身が再選された市長選の投票率が三七パーセントだった。「お前の選挙が不成立じゃないか」と言わざるをえない(皆がそう言っていた)。だが、結局、修正案は四月末に開かれた臨時本会議で可決されてしまう。条例案可決の一カ月後、既に決まっていた投票日五月二六日の一カ月前のことであった。

修正案が審議された特別委員会は大変な長丁場であった。驚いたのは、最終的に修正案に賛成した会派の議員も、この修正案を批判していたことである。「なぜ条例成立直後に修正案を出さなかったのか?」「後出しジャンケンではないか?」「成立要件を付すというのは分かるが、開票もしないというのはあんまりではないか？」などといった疑問が、修正案に賛成した会派の議員たちから寄せられた。そこではそれなりに有意義な議論がなされた。

しかし、どんなに有意義な議論がなされても、会派の方針が変更されることはない。最終的には、はじめから決まっていた会派の方針通りに議決される。いったい何のための議論なのだろうか。

この時点で「反映させる会」の人たちは本当に強烈な憤りを感じ、それを強く訴えたかったたろうと思う。私もそうだった。だが、そんなことをしている暇はなかった。一カ月後に投票は迫っており、そのための活動に全力で臨まねばならなかったからである。

「反映させる会」はチラシ配りやポスター貼り、駅前での宣伝活動などを積極的に行った。住民投票は小平市が実施するものである。本来ならば市が投票率を上げるために積極的に動かねばならない。しかし残念ながらそれは期待できなかったし、そのことの不条理を訴えている時間もなかった。「反映させる会」では、街宣活動の他、「現地を歩く会」や「意見交換会」を開催した。前者は、建設予定地を歩き、理解を深めてもらう活動である。後者は道路計画に反対の人だけでなく、賛成の人も含め、皆で意見交換を行う会である。どちらも新聞やテレビの取材が入った。

五月一一日にはシンポジウム「どんぐりと民主主義」の第三回を開催し、中沢さんに加え、クリエイターのいとうせいこうさんにお越しいただいた。初めて「ルネこだいら」という大型施設を借り、四〇〇人が入る中ホールで開催したが、雨にもかかわらず、会場はほぼ満席となった。シンポジウムにはテレビ局（TBS）も取材に来た。メディアに取り上げられる頻度は更に多くなった。[*14] 投票の一週間前からは、テレビ朝日「報道ステーション」（五月二〇日放送）、TBSテレビ「NEWS23」（五月二一日放送）といった日本を代表するテレビニュース番組でも大きく取り上げられた。

「住民投票に行こう！」と訴えている間、活動に参加している誰もが「手応えを感じる」という感想を口にしていた。確かにチラシを受け取ってくれる人の数は日に日に増えていた。ただ、成立要件五〇パーセントという条件はやはり非常に不利なものであった。道路計画に賛成の人は、投票に行かないことが最大の意見表明の方法になってしまうからである。また、道路計画に反対の人でも、五〇パーセントを超えるのはやはり無理だろうと考えてしまい、結果として棄権してしまうことが考えられる。

投票率三五・一七パーセントで不成立

そうしてついに五月二六日がやってきた。私も近所の小平第五中学校に投票に行った。投票率が発表される夜の小平市役所には、五〇を超える報道メディアが駆けつけた。私は「反映させる会」の人たちと一緒に、間借りしている事務所で、インターネットで中継されていた発表の場面をじっと見ていた。そこにもテレビ各社が訪れていた。

投票率は三五・一七パーセントだった。五〇パーセントを超えることはできなかった。市から、住民投票は不成立故に開票作業は行わない旨が告げられた。

私自身、この結果をどう評価してよいのか分からなかった。新聞各社、テレビ各社から、この結果をどう思われますかというインタビューを受けたが、うまく答えられなかった。ただある程度の時間がたち、少しずつ考えをまとめることができたので、それを記しておきたい。

私は、投票のずっと前、運動を応援し始めた頃から、「あの運動にはあの運動なりの意義があった」という風に住民投票運動を総括することは絶対にやめようと思っていた。私にとってこの運動の目的は、どう考えても納得できない道路計画をストップさせ、雑木林を守ることである。もちろん、そうした運動の副作用として、日本の住民自治への意識が高まるということはあるかもしれない。しかしそれはあくまでも副作用として考えられねばならないのであって、それを目指したらダメだと思っていた。

住民投票は雑木林を守るという目的にとっての手段の一つであった。そして、この手段で行政の政策に効果的に圧力をかけるという作戦は失敗した。五〇パーセント成立要件の内容にも、それを後からだまし討ちのように付してきたその手口にももちろん納得はいかない。しかし、付された以上はそれを超えねばならなかったし、超えられなかったということは行政の策動に負けたということである。これは認めねばならない。私はそれを素直に認めようと思う。

投票率三五・一七パーセントという数字自体はどうだろうか。小平市の当時の有権者は一四万五〇二四人である。投票に赴き、投票用紙を投じたのは、そのうちの五万一〇一〇人の有権者である。これは有権者の三人に一人が投票したということを意味する。問題の道路は小平市の西側地域にあり、東側地域の人にとってはかなり遠い地域の話題である。また、先に述べた通り、五〇パーセントの成立要件は、道路計画推進の立場の人にはボイコットを、道路計画反対の人には棄権を促す。そう考えると、有権者の三人に一人が投票したというのは相当な成果である。実際、市長選とほぼ同じ投票率だったのである。

五〇パーセント成立要件のどこが問題か

五〇パーセントに満たない時には、開票しない、中身を公表しない、投票用紙は一定期間を過ぎたら廃棄するというのが、修正案の内容だった。だから、今もって、投票結果の中身は分からないままである。だが、道路計画推進派の人がたくさん投票したとは思われない。私は票の八割以上は道路計画を見直すべきだという票であったのではないか、つまり、小平の有権者の三〇パーセント近くは、道路計画見直しに票を入れたのではないかと臆測している。ただ、これはもちろん臆測に過ぎない。

住民投票の有効性を規定する何らかの数的基準を設けるべきとの意見はもっともである。投票率が著しく低いのに、過半数をとった選択肢が有効であると見なすことは大いに問題がある。だが、その際、投票率に成立要件を付すことは望ましくない。これは明らかにボイコットを誘う規定だからである。第四章で詳しく検討するが、数的基準に関しては、投票率にかかわらず開票し、どちらか一方の選択肢が総有権者数のうちの一定の割合を超えていたら、その選択肢に有効性を認めるというやり方が望ましい。

これは実際に我孫子市の住民投票条例で採用されているやり方である。我孫子市では、どちらか一方の選択肢が総有権者数の三分の一を超えていたら、「市長・議会・住民」がその結果を尊重するという規定を設けている。これならば、ボイコット運動を誘発することもないし、争点について賛成の人も反対の人も投票に行く。

なお、我孫子市の基準でいけば、たとえば一方の選択肢に投じた人が三五パーセント、他方の選択肢に投じた人が五パーセントいた場合、前者の選択肢は三分の一を超えた有効なものとして尊重の対象になるが、ここに小平市の投票率五〇パーセント成立要件を付すと、総投票率は四〇パーセントだから、住民投票自体が不成立とされ、その結果すら闇の中に葬り去られるということになる。投票率五〇パーセント成立要件がいかに問題のある規定であるかが、ここからもお分かりいただけるだろう。

すべてを見越しての事業認可申請

住民投票のその後に話を戻そう。「反映させる会」では情報開示請求という形で投票結果の公表を求めることにした。またそれとは別に開票を求める署名運動も行うことにした。実は――これもよく分からない事態なのだが――修正された条例案そのものには、不成立の場合は開票しないとははっきり書いていない。その点は修正案が提出された際の特別委員会でも議論されていた。委員会の席で山下俊之小平市副市長は、一度、「不成立でも、一応投票箱を開いて、データを把握することはできる」という趣旨のことを述べたものの、「それはそれでおかしいではないか」という指摘を受け、「ならばやはり箱は開けない」と言ったという経緯がある（条例という法規の適用も、実は現場ではこのように曖昧に決定されているのである）。だから、確かに不成立ではあったが、開票はできる。

ところが、そんな矢先に更なるニュースが舞い込んでくる。住民投票実施の二日後、今度は東京都が国交省に対して事業認可申請を行ったという。「反映させる会」としては、開票を求めて何とかそれを実現し、それを受けて東京都に、申請を待ってほしいと請願するつもりだった。しかし、どのタイミングで何を行えば住民がうまく対応できないのかを分かっている。行政は、実に絶妙なタイミングで申請は行われたのだった。当初、二〇一三年三月に予定されていた事業認可申請は延期され、都庁からは、同年の夏に予定されているとの情報が入っていた。故にこの申請は完全に寝耳に水だった。

思えば、小平市と東京都は、実際に示し合わせていたかはともかく、投票率五〇パーセント成立要件を含む条例の改正案を提出した時から、以下のすべてを見越していたのかもしれない。

（1）市長が再選された後、投票の一カ月前に、不意打ちで改正案を提出し、臨時本会議を開いてこれを可決する（投票目前であるから住民団体は何もできないだろう）。
（2）五〇パーセントは超えられないから開票はしない（住民団体はおそらく開票を求める運動を行うだろう）。
（3）それに対し、投票後、間髪を入れずに東京都は事業認可申請を行う（住民投票直後だから住民団体は何もできないだろう）。
（4）小平市は、「既に事業認可申請がなされている」または「既に事業認可されている」という口実のもとに、情報開示請求を斥け、投票結果の公表を行わない（もうなす術はないだろう）。

行政を相手に住民が運動を行うというのはなかなか大変である。行政はこうした手続きを熟知しているプロだからである。

指をくわえて待っているわけにもいかないので、水口さん、尾川さん、そして私は、中沢新一さんの知り合いの国会議員を通じて、国交省の官僚の方に直接、事業認可を待ってほしいというお願いをしに行くことにした。中沢さんにも臨席していただいた。

だが、答えは芳しくなかった。面談に応じてくれた二人の話をまとめると次のようになる。「今は地方分権の時代であり、国交省から都の事業に口出しするのは難しい。我々の方では、今回の事業がもともとの事業計画に則しているかどうかを審査するだけである。今回の事業の進め方が適切であったかどうかを審査するわけではない」。

国が地方をがんじがらめにして自由な政策の実行を許さないという事態も当然まだある。だが同時に、「地方分権」の名のもとに国は地方に口出しができず、他方で、地方行政は圧倒的権力をもって住民の声を聞き入れない、そんな恐ろしい事態が垣間見えた。

二〇一三年七月の段階で住民投票の投票用紙はいまだ破棄はされていないが、開票作業は行われていない。そしてまもなく、国交省より事業に対する認可が下りるとのことである。

第二章 住民参加の可能性と課題

住民参加に対する行政の強烈な拒絶反応

ここでは、前章で紹介した都道328号線を巡る小平住民投票の経緯を踏まえ、住民参加・住民自治による政治の可能性と課題について考えていく。私が小平住民投票運動を応援する中で考えたこと、感じたことをできるだけ多く書き留め、同様の運動に携わる方々にとってのヒントとなることを目指したい。

私が住民投票運動を応援する中で何よりも強く感じたのは、行政の中にある住民参加・住民自治への強烈な拒絶反応であった。その拒絶反応は、小平市が住民投票条例案可決後に提出した修正案に結実している。

そもそも住民投票には法的拘束力がなく、一種のアンケートのようなものである。したがって、実施することが「成立」であって、成立要件を問うことそのものがおかしい。もし成立要件を付すのであれば、その条件を満たした際に行われる何かを行政は約束しなければならない。もちろんそうした約束はなかった。

成立要件を投票率に求める規定は、道路建設を推進すべきだという立場の人には投票のボイコットを促し、住民参加で道路建設計画を見直すべきという立場ではあっても「投票率五〇パーセントを超えるのは難しいのではないか」と考える人には投票の棄権を促す。この規定が、住民投票の不成立を目指して策定されたものであることは明らかであるように思われる。

実際、この投票率五〇パーセントが成立要件とされた最初の例である吉野川可動堰《ぜき》を巡る住民投票では、住民投票を好ましく思わないが住民投票条例案に反対もできないという立場に陥ったある会派が、住民投票は実施させるが、最終的には成立させないことを目的として、この五〇パーセント成立要件を持ち出してきたことが知られている。*1

また行政はどのタイミングで何を出せば住民団体が翻弄され、対応策が打ち出せないかをよく知っている。今回も成立要件を定める修正案は、条例案可決の約二週間後に非公式な形で噂され始め、条例案可決の一カ月後には可決されてしまった。住民投票実施の一カ月前である。また住民団体は投票後すぐに開票を求める動きに出たが、そこを狙っていたかのように投票の二日後、東京都は事業認可申請を行った。住民団体は各局面において、同時に二つの課題――投票率向上のための活動と成立条件付与の不当性の訴え、開票の請求と事業認可申請差し止めの請求――を突きつけられ、大変苦しい状況に追い込まれた。

反対を突きつけない住民運動

それにしてもなぜここまで行政は住民投票などの住民参加を嫌うのだろうか？

今回の住民投票は道路計画に反対を突きつけるためのものではなかった。この328号線道路計画の最大の問題は、地域住民の声に行政が耳を傾けてこなかったことにある。しかもその状態は五〇年間続いていた。だからこの住民投票は「地域住民の意見を聞いて、地域住民の参加のもとに道路計画を進めてほしい」という訴えであった。

そのことが住民投票の選択肢にはっきりと表れている。小平住民投票は、道路計画に賛成か反対かではなく、「住民参加によって道路計画を見直す」か「見直す必要はない」かという選択肢を設けた。私自身はこの選択を設けるにあたっての議論には全く参加していないが、この選択肢を見た時に大変な感銘を受けた。

住民投票運動をしている人たちは私も含め道路計画に反対である。放っておけばそのまま道路はできてしまうのだから、賛成の人はそのような運動をする必要はない。したがって、住民投票条例案を作成した人たちは、「道路に反対」と強く言いたいという気持ちをもっているはずである。しかし、彼らは踏みとどまった。「反対」と言うのではダメなのだと考えた。なぜなら最大の問題は、地域に道路を作るにあたって、地域の住民の声が無視されているということであるからだ。だから求めるべきは、行政が住民の声を聞くことであって、計画の差し止めではない。もしもその住民の声が道路推進であるならば、その結果は甘んじて受け入れねばならない。この選択肢はそんな気持ちで作成されている。

またこの選択肢は、道路計画に賛成か反対かを住民投票によって示して終わりにするのではなく、その後のことを見据えている。「住民参加によって道路計画を見直す」か「見直す必要はない」なのだから、もし前者が多数を占めれば、道路計画を住民参加のもと何らかの仕方で行政と一緒に考えることになる。するとこの住民投票は、地域作りへの住民参加、あるいは住民自治というものへの呼びかけでもあったということだ。「反対か賛成か、意見を言ってください」ではない。「自分たちの地域のことは自分たちで決めませんか」という住民への呼びかけだ。*2

それはまた行政への呼びかけでもある。確かにこの選択肢からは、これまで地域住民の声に耳を傾けようとしなかった東京都や小平市への批判は読みとれるけれども、それが最終的に目指していたのは住民参加・住民自治なのである。そこにあるのは行政への糾弾ではなく、「一緒に道路計画について考えさせてください」という行政への提案である。*3

行政が頑なになるしかない理由

しかし、そのような提案はなかなか受け入れられなかった。行政は、「住民参加」と言うと、ピーピーガーガーと文句ばかりを言う「市民」が行政の仕事をジャマしにやって来るという印象を強く抱いているように思われる。小平市の小林正則市長は実は市民運動出身の政治家であり、普段から「市民の参加と自治」を訴え続けていた人であるが、住民投票は彼の言う「市民の参加と自治」のカテゴリーには入らないようで、条例案には反対の意見を付したし、最終的には成立要件を定めた条例修正案の提出まで行っている。つまり、「住民参加」といっても、行政の側ではそれがほとんどイメージできないということなのだろう。

もちろん、闇雲に「住民参加」などと言っても、何も変わりはしない。住民参加のやり方には工夫が必要である。それについては後述することにしたい（第四章参照）。

行政が頑なになるのはある意味で仕方のないことである。「住民参加」などと言っても、その経験が全くないからである。行政は単にやり方を知らないのである。だから住民運動は「なぜそんなに頑ななのか！」と糾弾するのではなくて、それを解きほぐす方向で進まねばならない。それは全く無理な話ではない。実際、住民投票の実施が決まると、選挙管理委員会の方々は「反映させる会」の人たちに大変協力的であった。もちろんそれが仕事であるからなのだが、これはつまり、住民と行政がうまく手を取り合える仕組みさえ作ってしまえば、それなりの協力関係は築けるということを意味している。

当たり前だが、行政に携わっている人たちは駄々っ子ではない。組織とこれまでのやり方が、行政に携わる人たちを、住民参加に対して及び腰にさせてしまっているだけである。道路計画についても、ただ「反対、反対！」と言われ続けていたら、事業主としては頑なに推進を唱えるしかないだろう。誰も自分たちの非を認めたくはないからである。だが、「こうするともっといいのではないですか？」「これならば事業を変更しても周囲に説明ができますよね」という仕方で接することができれば、その時には何も言わなくても――行政官は絶対にその場で答えを出すことができない――、もしかしたら、ある時に突然、事業は変更されるかもしれない。

住民側にもある市民運動アレルギー

では、住民の側はどうだろうか？

これまでも私自身はよく分かっていたつもりだが、日本ではいわゆる「市民運動」に対するアレルギーが強烈である。インターネット上の隠語に「プロ市民」という言葉があるのをご存じだろうか。「市民」とは、「何の属性もない、ただの一個人である」という意味合いをもって使われていた言葉である。[*4]だが、それに対し、「市民運動に参加している人人は、むしろ市民であることを笠に着てあちらこちらの運動に顔を出している事実上の運動家ではないか」という反感が生まれた。そのことを揶揄《やゆ》する気持ちで作られたのがこの隠語である。つまり、「市民」であることの「プロフェッショナル」という意味だ（よくできた言葉である。インターネット上の造語の想像力にはたまに感心する）。

政治運動を継続することは大切である。もちろん問題の性格にもよるのだが、簡単に片づく問題などないのだから、政治運動が一過性のものであってはならない。だが、運動の継続は、しばしば、手段の目的化をもたらす。運動を継続することそれ自体が目的になってしまうという実によくある逆説のことである。この事態の最大の問題点は、当初の問題が蔑《ないがし》ろにされていくこと、更には、場合によっては、当初の問題の解決がむしろ回避されるようにすらなってしまうことである。運動を生み出した問題が解決すれば、運動それ自体が消滅する。だから、運動に携わる人々が無意識に問題の解決を先延ばしにしてしまうということが起こりうる。特に、組織が強固になればなるほど、そうした危険性は大きくなる。

継続することそれ自体が目的になってしまうと、運動の外側にいる人たちからの支持を取り付けることは非常に難しくなる。また、もはや問題解決それ自体が直接に目指されないのだから、運動自体はたとえば「反対、反対！」と声高に言い続けるだけのものになってしまうだろう。おそらく、「プロ市民」という言葉を作り出したネット世論がもつ違和感というのは、そうした運動に対してのものである。

私自身もこの違和感を共有していないわけではない。私自身、今回のような住民運動に参加したのは初めてであったが、それまでの私の中に「市民運動」に対する違和感がなかったかと言えば嘘になる。だが、他方、いわゆる「市民運動」への同情もある。やはり戦後の日本では行政はあまりにも強い力をもっていた。本当に何も為す術がなかった政治運動が「反対、反対！」と繰り返すしかなかったことは想像に難くない。

だからこそ、今、そうしたやり方への反省が必要である。住民による新しい政治運動の方式が創造されねばならない。

問題の解決だけを目指す運動

そして、小平の住民投票運動を応援し始めて何よりもまず感じたのは、この運動では、これまでの「市民運動」が抱えてきた諸々の問題点が、どういうわけだか乗り越えられていたことである。「反対、反対！　と言うのはやめましょう」と、むしろ私の方がアドヴァイスされたし、この運動は糾弾型ではなく提案型であるということが、もう当たり前のように徹底されていた。私は別に市民運動の研究家ではないけれども、これまで考えられてきた運動理論のようなものよりも、ずっと先に進んだ実践がそこにはあると感じられた。

それはなぜだろうか？

おそらく答えは単純で、この運動が問題解決を目指していたからであろうと思われる。小平住民投票運動は問題解決型の運動であった。確かに携わっている人たちの間では細かな意見の違いはある。だが、あの雑木林を守る。道路計画は見直してもらう。そうした明確な問題意識のもとに集まった人たちが、問題の解決だけを考えて運動している。すると、自然と目指すべき道が見えてくるのである。

たとえば、「反対、反対！」と言っているだけでは誰もついてこない。行政が耳を傾けてくれるようにはならない。ならば糾弾するのはダメで、提案しなければならない。運動が分裂してはならないから、道路計画のあり方について見解を一元的に統一することは避けねばならない。こうした仕方で、問題解決という目的そのものがうまく運動全体を導いていく。住民が運動の仕方を、運動しながら学んでいくのだ。私は本当にあるべき政治運動の姿がここにある気がした。だから全力で応援することができた。

「自民党の人たちとだってつきあう」

また単に自然発生的に運動が形をなしていっただけでなく、外部からのアドヴァイスがほどよく入ってきたことも運動をうまく展開させるのに役だった。第一回のシンポジウム以来、運動を積極的に応援してくださっている中沢新一さんは、グリーンアクティブという運動を行っているだけあって、非常に有益な指摘をしてくれた。私がよく覚えているのは、「運動を成功させるためには、自民党の人たちとだってつきあわなければならない」という言葉である。[*5] 自民党の人があらかじめ敵陣営にいるかのような言い方で、自民党の人には申し訳ないのだが、ただ、戦後ずっと与党を務め、今も与党の位置にある一政党の例として考えていただければ幸いである。

政治運動はほとんどの場合、世の中のメジャーな流れに異議申し立てを行うものである。

何もしなくてもそのメジャーな流れは続いていくのだから、それを支持しているのなら運動など必要ない。すると、運動に携わる人は、そのメジャーな流れを作っている陣営ときちんと折衝できなければならない。

ところが、これまでの政治運動にはどこか潔癖症なところがあった。「あんなやつらと仲良くしている運動はダメだ」という感覚である。だが政治は道徳ではない。問題解決のためには、ある特定の論点以外では到底理解し合えない人たちとつきあったり、その人たちの力を借りねばならないこともある。

実際に自民党の人に力を借りるという場面は今回はなかった。だが、私は中沢さんの言葉を思い出しながら、自民党を含む市議会の様々な会派の方々と、いろいろとお話しさせてもらった。それは大変有意義であった。政治家を目指す人は、やはり政治家を目指しただけあって、どんな人でもそれなりの意気込みと考えをもっている。それは話をしてみるとよく分かる。

もちろん自分とは考えが違う議員がたくさんいる。しかし、考えがぴったり合うことの方がおかしいのだ。考えが違って当たり前であり、考えの違いを前提にして初めて、政治の話ができると考えなければならない。「反映させる会」の人たちはもともとそういう考えをもっていたが、中沢さんのこのシンポジウムでの発言を受けて、更にそのような意識を高めたように思う。

「ツールとしての政治家」

また運動を続けていて分かったのは、議員の仕事は議会に出席して賛成／反対するだけではないということである。むしろ、議会で手を挙げたり挙げなかったりするのは、その仕事の一部に過ぎない。議員は普段、様々な人々の話を聞いて、様々なところを訪問して、様々なコネクションを作っている。それこそ、行政側とも連絡をとっている。そうしたコネクション作りは、彼らのようなプロでないとできない。政治家でない人々には、そのための手段も時間も限られているからである。そして、彼らが普段構築しているそうしたコネクションは、私たちが何か政治に対してもの申したいと思った時に役立つ。

たとえば役所の担当課と、非公式とはいえ有効に話をするためには、彼ら議員に仲介してもらうのがよい。「この種の問題の場合には、この人に話を聞くといい」と教えてくれる議員もいる。誰かにこの点について話をつけてくれないかと頼んで、やってくれるのも議員である（やってくれない時もあるが）。

ジャーナリストの津田大介氏は、「ツールとしての政治家」という言い方をしている。議員たちは私たちの代表者、すなわち代議士としてどこか威張っているようなイメージがあるが（実際、威張っている人もいるが）、むしろ、私たちが普段できない仕事をやってもらっていると考えればよい。そしてその仕事は単に議会で賛成したり反対したりすることだけでなく、ある問題やある地域でのコネクション作り、ある種の専門知識の獲得を含んでいる。私たちはそれを必要な時にツールとして使えばよい。実際、政治家は訪ねていくと意外と話を聞いてくれるものである。話を聞くのは彼らの大事な仕事であるからだ（話しに行っても会ってくれない、無能でツールとしても役立たない、威張っているだけ、そういう議員は落選させるがよい）。

「ツールとしての政治家」という考え方は、住民運動を行っていく上での重要な指針とも関係しているであろう。これは第二回のシンポジウムに来てくださった宮台真司さんの言葉であるが、「敵を作らない」ということである。*6 あるいはもっと積極的な言い方をすれば、どうすればこの人が自分たちのことを応援してくれるかを考えるということである。別に権謀術数で仲間を増やせということではない。意見が違うからといって相手をむやみやたらに批判しないということだ。

肯定的ヴィジョンがないと長続きしない

人は非難や糾弾などの否定的なものには一時的には熱狂的に追随するが、すぐにそこから離れてしまう。政治運動を有意義なものとするためには、肯定的なビジョン、肯定的な価値が必要である。たとえば伊方原発訴訟の原告団に加わった元京都精華大学教授の槌田《つちだ》劭《たかし》さんは反原発・脱原発の運動について、それは不安や不信感に基づいて行われるべきではないと言っている。そういう動機に基づく限りは運動は決して長続きしない、と。*7 否定的なものだけでは運動は絶対に継続できないし、有効に組織化できない。

この点で、私は「反映させる会」の尾川直子さんたちがやっている「どんぐりの会」の活動を本当にすばらしいものであると思っている。尾川さんは328号線問題に関わった当初、東京都や小平市との折衝ばかりを続けていることにとても疲労感を覚えたという。そして、それだけでなく、自分たちが守ろうとしているこの雑木林のすばらしさをもっと広く訴えたいと考え、この会を立ち上げた。

「どんぐりの会」では、まずは自分たちがこの林のことをよく知ろうという考えで、林の生物の生態調査や、子どもたちを交えてのセミの抜け殻調査を行った。調査の結果、現在東京で数が激減しているヒグラシがこの林にたくさん生息していることが分かった。[*8] 調査結果をもとに「みんなのどんぐり林マップ」も作成した。これはどこかのデザイナーにでも頼んだのかと思える出来で、私は最初見た時に驚いた（後で聞いたところでは、レイアウトは地元のプロのデザイナーの方が担当されたとのことである）。

また、林に大きなスクリーンを張って、宮澤賢治の作品を生演奏に合わせて朗読するという「月夜の幻燈会」というイベントも開催している。イベントで使う電気は、小平の隣、国分寺の自転車屋さんがなぜか作ってくれた自転車発電機を利用している。映し出される絵は、青梅市に住むイラストレーターの小林敏也さんの作品である。朗読するのは、鷹の台に住む女優の鍵本景子さんだ。[*9] このイベントは周辺の親子が毎回約四〇〇人も参加している。みんなイベントを楽しみ、自然とこの雑木林に触れる。「道路計画に反対しよう！」ではなくて、自分たちの住む鷹の台のことを楽しみながら知ってもらう、それだけのイベントだ。実に素晴らしいものだと思う。こういう積極的な活動が同時に盛んに行われていたことにより、運動が否定的なものに落ち込まずにすんだように思われる。

徹底的に勉強して「理論武装」

ここで少し、住民運動を行う上での要点のようなものを考えてみたい。参考にするのは、吉野川可動堰を巡る住民投票に関わった村上稔さんの著書『希望を捨てない市民政治』である。村上さんたちは、リーダー的存在であった姫野雅義さんとともに、徳島市での住民投票を実現し、可動堰建設をストップさせた[*10]経験をもつ。同書にはその際の教訓として得られた「市民運動」の三つの要点が記されている。私も小平住民投票の経験からこれらの要点には共感するところが大であった。[*11]ここで簡単に紹介したい。

第一点は「論理的であること」そして「ビジョンを持つこと」である。何ごとも論理的にやっていくべきであろうから、これは当然のことのように思われるかもしれない。この一点目の要点を理解するためには、それがどういうことでないのかを理解しなければならない。村上さんは、論理的であることはスジを通すこととは違うと言っている。運動がスジを通すことにばかり熱心になってしまうと、すぐに裁判やリコール運動に陥ってしまう。もちろん、裁判やリコール運動が必要な場面もあろう。しかし、そうすると運動はだんだん手詰まりの状態に陥っていく。

たとえば小平住民投票について、選挙期間中には「住民投票条例案には、投票率五〇パーセントの成立要件を付すつもりである」などと一言も言わなかった小林正則市長が再選後に突然そのような挙に出たことを取り上げて、ツイッターなどで私に「リコールすべきだ」「なんでリコール運動を行わないのか」などと言ってくる人がいた。確かに私も小林市長はリコールされてしかるべき人物だと思う。しかし、住民投票が一カ月後に迫っている時に、そんなことをしている暇はない。

また、運動そのものの方向性としてもどうだろうか？　皆、雑木林を守りたい、家を守りたいという気持ちで運動に参加している。小林市長などどうでもよい。雑木林や家が守られればよいのだ。これが「ビジョンを持つ」ということである。最終的にいったいどうしたいのか、どうしたかったのか。それを忘れないことである。

そして論理的であるためには勉強しなければならない。村上さんは「理論武装」という言葉を使っている（若い人は聞いたことがないかもしれないが、戦うために勉強して理論を身につけることをかつてこう言ったのである）。論点を絞り、行政が出してくるデータを徹底検証し、時には専門家や研究者の力を借りることも厭わない。村上さんたちはそうやって一つ一つ理論を積み重ねながら、建設省が出してくる可動堰建設の必要性の理屈を突き崩していった。

小平の住民投票でも、シンポジウムを開いたり、自分たちでの勉強を重ねていったが、データの検証については村上さんたちには及ばなかった気がする。事業認可申請が迫っていて時間がなかったために、どうしても住民投票そのものに向けた運動に力を注がねばならなかった。交通量については「小平都市計画道路に住民の意思を反映させる会」が検証作業を行っていたが、残念ながら住民投票の前にそれを公開するには至らなかった（本書巻末の「付録1」で検証を行っている）。こうした点は反省すべきところがあると考えている。

マスコミとうまくつきあって世論を作る

村上さんの著書に戻ろう。第二点は「マスコミとうまくつきあっていくこと」である。社会を動かす一番の力は世論だが、この世論はほぼマスコミによって作られる。だからこのマスコミとうまくつきあっていかねばならない。もし運動がおかしな形で報道されたら、すぐに注文をつける。たとえば先に名前を挙げた姫野さんは、吉野川第十堰関連の記事が新聞に載るたびに、その記事をコピーして事実や表現について赤入れし、新聞各社と同時に運動のメンバーに毎日のようにファックスしていたという。それを繰り返していくうちに、記者の方にも緊張感が出てくる。熱心な記者は姫野さんの事務所に通い詰めるようになったという。

小平住民投票の場合は、どちらかというとマスコミが運動を応援してくれている印象を受けた。記者の方たちは普段から政治ニュースに接しているから、小平市の都道問題のようなひどいケースをよく知っている。また、それに対して住民が何もできずに行政に押し切られているケースのことも知っている。そうした理由で「小平には頑張ってほしい」と思ってくれていたのかもしれない。テレビでもラジオでも新聞でも小平住民投票は報じられた。

マスコミとつきあう際も、「反対、反対！」の糾弾口調ではダメである。まさしく論理的に話ができなければならない。糾弾口調にマスコミはウンザリしているし、視聴者がそれにウンザリしていることも知っている。そうした口調を続けていると、報道してもらえなくなる。とにかく記者の方々と信頼関係を作らなければならない。

「アタマだけでなく、カラダが感じて動き出す運動」

最後の第三点として村上さんが挙げているのは「楽しさ」である。これは私も諸手を挙げて賛成したい。村上さんの言葉を引用しよう。「ここで言う「楽しさ」とは、言うなれば「腑に落ちる」ということです。運動はえてして頭でっかちになりがちですが、アタマだけではどこか弱いのです。アタマだけでなく、カラダが感じて動き出すような運動にしなければいけません」(一五五頁)。

吉野川を巡る運動では、「遊びのイベント」と「学びのイベント」を交互に繰り返していたという。遊びのイベントでは、吉野川でのカヌー体験や河原での遊び、キャンプなどをしていた。また「吉野川を食べる」と題して、吉野川で獲れた魚介類や流域の野菜を使って、プロの料理人に河原で料理してもらい、みんなで味わうというイベントを開催したという。説明を読んでいるだけでも参加したくなるイベントだ。

この点は小平市の運動が自然に達成していたものであると思われる。先に紹介した「どんぐりの会」は、雑木林で楽しんでもらい、雑木林を知ってもらう活動をずっと続けてきたし、今も続けている。やはり「雑木林を守ろう！　自然が大切だ！」と言葉で言うだけでは獲得できない実感というものがある。あの雑木林に来てもらって、体験してもらって、初めて出てくる思いがある。そのために私は、取材したいと小平を訪れた記者の方々をいつも雑木林に案内していた。そこを訪れると誰もが「聞いてはいましたが、本当にすばらしいところですね」と実感をもって口にするのである。

以上三点は私の短い経験から見てもツボを押さえたものであると思われる。住民運動が必要になった方々は是非とも参考にしていただきたい。

インターネットの威力は絶大

村上さんたちの経験は極めて貴重なものであり、後世に受け継がれねばならない。ただ、時代とともに変化する条件もある。吉野川の運動が行われていたのは一九九〇年代末のことであり、今とはメディア環境がかなり違っている。大きな変化をもたらしたのは、もちろんインターネットの登場である。ここで、村上さんの記述を補う意味も込めて、インターネットと政治運動の関係について簡単に論じておきたい。

今回、住民投票運動を続ける中でインターネットの威力は絶大であった。既に述べたが、私がこの住民投票を知ったのもツイッターのお陰である。小平市都道328号線の問題は、マスコミとインターネットの相乗効果によって全国区の話題になったと思われる。

「反映させる会」は既にブログを開設していた。私も自分のブログとツイッターを使って宣伝に努めた。まず、報道された場合には必ずその情報をツイッターで宣伝する。新聞記事の場合には記事をスキャンしたものをアップロードしたり、インターネット上のURL

を載せる。

そして、そうした情報は必ず「ここに行けばすべて見られる」という場所を確保し、集積していく。今回は、「反映させる会」のブログが記事の集積場所になっていた。私はタンブラーという簡易ブログを利用していたが、そこに、自分が住民運動について語っている対談やイベント、インタビューなどの情報を集積していった。

ツイッターで情報を紹介する際にもコツがある。

単に一つだけ投稿しても、タイムライン上の厖大な情報の中に埋もれてしまう。だから、必ず現状報告や記事内容についての解説など、ある程度の長さの話を一四〇字ごとに区切って連投する。その連投の中に情報を混ぜておく。記事のURLがある場合には、各投稿の最後に毎度URLを載せておくというやり方が有効である。連投のすべてが読まれるとは限らないし、連投のうちの一つだけがリツイートされて一人歩きしていくこともあるからだ。ツイートが一人歩きしていっても、見てほしいサイトのURLだけはそこに掲載されているように工夫してツイートを作成するのである。

私自身のツイッターアカウントには約一万八〇〇〇人のフォロワーがいた。フォロワーの方々が私のツイートの一つをリツイートしてくれるだけでも相当な宣伝効果である。少なくともインターネット上では、小平で道路関連の問題が起こっているらしいという情報はかなりすばやく知ってもらえたのではないかと思う。

みんな、民主主義に飢えている

住民運動にとってインターネットというのはとてつもない力になる。インターネットは住民運動を根本から変えたのではないかとすら思う。インターネットがなかったら、いったいこの小さな運動をどうやって社会に知ってもらえただろうか……。本当に想像ができない。

逆に想像できるのは、これまでどれだけの住民の声が行政の圧倒的な力に押しつぶされ、葬り去られてきたか、ということである。道路建設問題に携わって分かったのは、今でも全国には途方もない数の道路問題が存在しており、それに苦しんでいる人たちがたくさんいるということだった。「私もここで道路問題に悩まされています」と、たくさんの人から聞いた。今でこそこの有様なのだから、交通量が増え、道路建設が盛んに行われた高度経済成長期にはどれほどであっただろうかと思い入ってしまう。

道路問題というのは常にローカルなものである。その地域に住む人にとっては重大な問題なのだが、それ以外の地域の人にはよっぽどのことがなければ重要ではない。だから、道路建設問題はあまり報道されない。道路建設問題は常にローカルなものでしかありえず、そのためそれを広く社会に訴える際には多くの困難が伴うとすると、インターネットのない時代、どれだけの人の声が行政に圧殺されてきたのだろう……。私は運動を応援しながら時折そのことを思い、どこかその声を供養する気持ちになっていた。

小平の都道３２８号線問題を訴えながら感じたのは、実は多くの人が今の行政のあり方に疑問を抱いているということだった。インターネット上で３２８号線のことを説明すると「この道路は作った方がいいのではないか」という声もちらほら見られた。しかし、行政が全く住民の声に耳を傾けない、そのために住民投票を行いたいという論点についてはほとんど批判がなかった。

何を言っても批判されるインターネット空間でのことである。その中で、ほとんどケチを付けられなかったのだ。私は実はとても驚いていた。これは行政が住民の声に耳を傾けないという現状に、実は多くの人が疑問を持っているということ、「おかしい」という気持ちを抱いていることの証しであるように思う。

この点は、実際に住民投票が近づき、盛んに新聞やテレビで報道されるようになっても変わらなかった。住民投票そのものを否定する人はほとんどいなかった。私はこれを、「多くの人が実は民主主義に飢えている」と表現したことがある。[*12] 多くの人が「今の日本社会は民主的でない……」となんとなく感じている。これはおそらくインターネットを利用していたからこそ気づけた点である。人の気持ちというものは、何を言っているかよりも、何を言っていないかを通じて見えてくるものだ。

なぜ「参加型民主主義」が定着しないのか

だが、にもかかわらず、日本で「参加型民主主義」――その定義はとりあえずおくとして――が広まらないのはなぜなのだろうか？　確かに3・11以降、それまででは考えられないほどにデモが広まった。着実に変化はある。しかし、誰も日本に「参加型民主主義」が定着したという感覚を抱いていない。

政治学には「政治文化」という概念がある。別に難しいものではなくて、一国の国民が政治についてだいたいどんな傾向をもっているか、それを表すものである。日本は、戦前のドイツとともに、臣民型の政治文化をもつ社会として説明されてきた。民衆が政治権力に対し「臣民」のように付き従う政治文化というわけだ。一般に、国が先進国化すると、その社会の政治文化は参加型へと変化すると言われている。実際、ドイツ社会は一九六〇年代に参加型へと舵を切った。今では「参加型民主主義」の見本のような国だ。日本はそれに対し、先進国化しても一向に参加型にならない例外的な国であると言われてきた。

3・11以降それが変化してきたというのが、一部の社会学者の見立てである。[*13] 確かに私自身もそのような変化を感じる。官邸前のデモの盛り上がりは、五年前では考えられなかったことだ。また、小平の住民投票は当事者も驚くほどの全国規模の関心を集めたが、そうしたこともこの政治文化の変化と無縁ではないと思われる。

しかし、繰り返すが、日本に「参加型民主主義」が定着したとは思えない。それどころか、選挙があるたびに、「どうしてこれまでと同じことを繰り返すのか？」「結局、日本人は変わっていない」という印象が強くなっている。なぜなのだろうか？

ここで少し、政治運動と気持ちの問題を考えてみよう。人間は思想で動くのでも、概念で動くのでもなく、気持ちで動く（もちろん私自身も）。政治を考えるにあたっては、常に気持ちに敏感でなければならない。

飢えと我慢が表裏一体

日本社会に生きる多くの人が本当に民主主義に飢えていて、それを欲しているのなら、すぐにでも参加を求める行動に出るはずだと思われるかもしれない。しかしそうではない。おそらくポイントは、この飢えが我慢と表裏一体になっていることにある。誰もが何かおかしいと感じている。しかし、「これはおかしい」と口にすることを幼い頃からずっと我慢させられてきた。学校でも会社でも家庭でも地域でも、ずっと我慢させられてきた。

我慢することはつらく、人間はそれに耐えきれない。そうすると人は飢えていても欲しないようになる。その方が楽だからである。自分たちで自分たちのことを決めることを欲しなくなり、決めてくれる者に従うようになる。これは我慢しているのを忘れようとしている段階である。

だが、我慢の強度が更に増し、事態が次の段階を迎える場合がある。忘れようとしても忘れられないほどの我慢を強いられると、人間はそれによって生じる心の中での無理を、外側に向けることで解消しようとする。自分はこんなに我慢している。だから我慢していない奴が許せない。そう考えて、他の人間に我慢を強いるようになる。声を上げるものを全力で引きずり下ろそうとし始める。[*14]

幸運にも日本社会は、少なくとも住民投票についてはこの段階には至っていない。ここに変化の可能性がある。確かに、政治参加を積極的に求める気持ちが社会全体の表舞台に出てきているわけではない。だが、それを求める人たちを全力で引きずり下ろそうとするほどにまでは、人々の気持ちは捻《ねじ》れていない。多くの人たちが、何かの拍子に、「これまで我慢してきたことがおかしかったのだ」と考えるようになることは十分に考えうる。その意味で、今後、「参加型民主主義」が日本で広まっていく可能性は十分にある。

失望への不安は乗り越えられる

ただし、もう一つハードルがある。これには私自身も悩まされなかったわけではない。それは、何かを希望したが故に訪れる、失望の衝撃への恐怖である。

一生懸命に、一つの政治課題に取り組む。人はその時、「これは間違いなくおかしいのだ」という確信を抱いている。しかしそれだけではない。人は「うまくいくはずだ」というような何らかの希望を抱いている。希望とはとてもすばらしいものに思われるかもしれない。しかし、希望とは実際のところ、将来についての不確かな期待である。だからそこには必ず不安がある。不確かな期待は、必ず、「もしかしたらうまくいかないのではないか」という恐怖ないし不安を伴っている。*15

希望することはどうしてもある程度の恐怖や不安を引き起こす。人はそれ故、希望することそのものを恐れる場合がある。希望することを忌避してしまうのだ。自分たちが政治参加を求めて活動しても、何も変わらないかもしれない。そうしたらどうなるだろう。自分はとてもイヤな失望を味わう。ならば、最初から希望しない方がいい。「どうせ」と言っておいた方がいい……。

私自身、このような不安を抱かなかったわけではない。*16 だからよく分かる。不安は強く人の心を揺さぶる。不安とは何だろうか？　不安は苦痛とは違う。不安とは、苦痛が訪れるかもしれないという気持ちである。たとえば、失望という苦痛が訪れるかもしれない……そんな不安は、人に希望することそのものを恐れさせることがある。*17

だが、不安の対象であった苦痛が本当に訪れたとして、それが取り返しのつかない決定的なものになるかというと、必ずしもそういうわけではない。実際のところ、苦痛そのものよりも、苦痛を恐れる不安の方が人の心を決定的に動揺させることがありうるのだ。

これはあくまでも経験的に語るしかないことなのだが、私自身、住民投票が「不成立」

とされた時はさすがに落ち込んだけれども、それで何かを止めようと思うことはなかった(今もこのようにこの本を書いている)。驚いたのは、住民投票実施後に開催したシンポジウム「どんぐりと民主主義」第四回である。中沢新一さん、いとうせいこうさん、宮台真司さん、そして私で開催したこの会は過去最高の集客を記録し、四〇〇人収容のホールが満席となった。「やっぱりダメじゃないか」と投げ出す気持ちになった人もいたのかもしれないが、意外にそうではなかった。

同じような例を原発都民投票運動にも見出すことができる。原発事故の後、全国で原発の是非を問う住民投票を実施しようという動きがあった。東京では三二万筆という数の署名が集まった。しかし、都議会は住民投票条例案をほとんど審議もせずに否決してしまう。署名を集めた方々は大変な失望を味わっただろう。それは強力な苦痛である。だが、その失望が諦念に至ることはなかった。住民投票案否決の後、ほとんど審議もしないで署名を拒否する都議会というのはいったいどういう場所なのか、それを皆で勉強しようという勉強会が広まっていった。[*18]

不安のメカニズムは我慢のメカニズムとともに人の政治参加を妨げる。日本では特にこれらは強力である。しかしこれらのメカニズム自体が絶対に突き崩せないものではない。

また日本では少しずつではあるが、変化は見られる。何よりも大切なのは、「何かおかしい」と感じたのなら、その気持ちを大切にしておくことである。人に言いにくかったらこっそりその気持ちを抱いておけばいい。誰か信頼できる人がいたら、その人に話してみればいい。仲間が必要であったら、仲間を探してみればいい。今の時代、インターネットを使って簡単に人に訴えかけることができる。

もちろん住民運動に参加するようになったら、不安のメカニズムに曝されることもあるだろう。こんな本を書いている私も同じくそうであった。その時にはその不安を無理に押し込めようとしてはいけない。不安が出てくるのが当たり前なのである。だから無理をせず、誰かに相談してみるのがいい。大切なのは、右に説明した希望と不安のメカニズムを知っておくことである。希望する場合には必ずどこかに不安が残る。そういうものなのだと分かっているだけで、気持ちはとても楽になる。

正確に伝わり心を動かす言葉とは

次に、住民運動を行うにあたっての、主張の打ち出し方について、考えるところを記しておきたい。

今回の住民投票運動でこれまで以上に実感したのは言葉の大切さである。

何か問題を訴えるにあたっては、それをできる限り正確に言葉で伝えることが大切である。「ひどいんです」「怒っています」と感情に訴えるだけではダメである。それは一時的には熱狂を引き起こす場合もあるが、熱狂はすぐに消えていく。論理的に事実を説明できなければならない。

そしてその際の言葉は常に手短でなければならない。ここがポイントである。酷い事態には必ず歴史がある。だから当事者はどうしてもその歴史のすべてを訴えたいという気持ちになる。しかし、その事態を理解してもらうにあたっては、長い説明はむしろ障害になる。事態を歪曲するわけでもなく、しかし最も訴えるべき点だけを効果的に言葉にしなければならない。

その際、私が念頭に置いているのは、社会運動家の湯浅誠さんである。湯浅さんは東大の大学院生であった頃から路上生活者支援や貧困問題に取り組み始め、二〇〇八年には「年越し派遣村」の村長、二〇一〇年には内閣府参与を務めた。その活動は現在広く知られている。

湯浅さんはすばらしい行動力をもっている。しかしそれだけではない。彼の言葉の力が、彼の取り組む運動を推進してきた点はもっと注目されてよい。湯浅さんは貧困を、独特の用語を用いて「「溜め」がなくなっている状態」とうまく表現したり[19]、「構造改革」下で起こった貧困化を「五重の排除」[20]と名指す、言葉の達人である。彼の言葉は彼が取り組む貧困問題を正確に、そして効果的に表現し、多くの人の心に訴えかけた。

小平都道328号線問題への住民の取り組みを応援しようと思った時、私が自分なりの支援として最も重視したのは言葉のことだった（この本もその応援の一環である）。メディアに出演する時には、注意深く言葉を選び、なるべく手短に説明するよう心がけてきた。そしてたくさんの記事を書いて、あちこちに発表してきた。もちろん、どれだけの効果があったかは分からないが、自分がそれに取り組めば取り組むほど、言葉がもつ力と、政治運動にとっての言葉の重要性を再認識することになった。

スタイリッシュなポスターを作った理由

もう一つ、重視していたことがあった。それは運動の装いである。そもそも日本社会の中に、特に都市部には「市民運動」に対するアレルギーが存在しているのだから、それを前提にして問題を訴えていかねばならない。「ああ、よくあるやつでしょ」と思われてはいけない。たとえばスーツでビシッと決めているとか、マイクからやさしい女性の声で投票を訴えかけているとか、「あれ？」と思わせるものでなければならない。

ポスターも、よくあるフォントで「何々を絶対ゆるさない！　何月何日総決起集会！」などといったものにしてはならない。そんなポスターを作っても誰も「決起」してはくれない。既に「決起」している人たちが集まるだけである。この手のポスターには、よく「敵」陣営の人間がカリカチュアで描かれていたりするが、そういうのもダメである。

私が中沢さんと一緒に続けているシンポジウム「どんぐりと民主主義」では、いつも美術家の前野智彦さんにスタイリッシュなポスターをお願いしてきた。住民投票では、小平市在住のイラストレーター石渡希和子さんがかわいらしいチラシを描いてくださった。

装いはまた、衣装やポスターだけではない。運動の推進方法にも関わっている。そして、私はこの点でまだ考えが十分練り上げられていない。考えたことだけを記しておきたい。

住民投票に限らず、何らかの問題を人々に知ってもらうためには、街頭で活動しなければならない。では街頭での活動をどう行っていけばよいだろうか？　道に出てチラシを配付したり、街頭でマイクを使ってしゃべる、いわゆる「街宣」を行うということが考えられる。それらに一定の有効性があることは間違いない。ただ、チラシを目の前に差し出されたり、マイクでしゃべっているのを聞かされたりすると、逆に反発する人がいることも事実である。

私は住民投票運動を応援している間、そのさじ加減が分からずに大変苦労した。駅前でマイクを使ってしゃべったことが二回ほどあったのだが、その際、よく聞いてくれて、チラシを受け取ってくれる人もたくさんいたものの、イヤな顔をする人にも会った。私はどうするのが一番よいか分からず大変悩んだ。

吉野川の住民投票では、街宣はせずにただプラカードをもって立ち続けるという手法がとられた。投票日が一月二三日だったことから、「１２３」とだけ書かれた、一種の謎かけのようなプラカードをもって、多くの人が街頭に立った。*21 これはチラシを配布したり、演説したりと積極的に働きかけることではなく、向こうから見てもらうことに重点を置いた方法だ。

繰り返すが、チラシ配布や街宣は重要であるし、それには間違いなく効果がある。だが、限界があることも事実だ。私はどうも街宣が性に合わなかったので、吉野川の住民投票運動をマネして、一人でプラカードをもって立つことを始めた。投票日までの一週間、朝と夕の一時間、近くの新小平駅の前に立ったのである。

これはやりやすかった。最初はちょっと恥ずかしかったが、すぐに慣れた。また前を通って、プラカードを見てくれる人たちの様子は二日目にはもう変化した。参加の敷居が低いからだろうか、ツイッターなどで呼びかけたところ、何人もの人たちが一緒に立ってくれた。確か三日目にはもう一〇人になっていた。駅前にはテレビの取材も来た。プラカードをもって同じ場所に毎朝毎晩立つというのは、やる側にとっても、見る側にとっても、受け入れやすいやり方だと思われる。

皆で政治を語り合うという意識

こうして取り組んだ小平住民投票の結果は前章で記した通りである。だが、それは都道328号線を巡る住民運動の確かな足がかりとなった。住民投票を通じて、小平の都道は全国区の話題となり、各地から多くの支援の声をいただくことができた。それだけではない。小平の市内でも、変化が起こっているように思われる。私が一番驚いたのは、住民投票後のある日、それまで一度も政治の話などしたことがなかった近所の方と、立ち話で、住民投票についてじっくりと語り合ったことである。私が住民投票運動に取り組んでいたことを知るその方は、私に向かって、熱心に林への想いを語った。

もちろん、その方だけではない。少なからぬ方が、子どもの迎えで立ち寄った小学校で、買い物帰りに歩いていた路上で、私に向かって声をかけ、住民投票への想いを語ってくださった。私は強い感銘を受けた。政治は忌避すべき話題ではない。それは皆で語り合うべき話題である。その意識が少しずつかもしれないが広まりつつある。やはり住民投票が地域の問題に関わっていたことが重要である。地域の問題は人の心を強く動かすのだ。

同僚の教員にスウェーデンで子育てをしていた方がいる。その方がある時こんなことを言っていた。

スウェーデンで子育てをしていた時、子どもたちは、保育園でも学校でも、どこでも自分たちの身のまわりのことを自分たちで決めるように求められていた。自分たちで自分たちのまわりのことを決める。だからこそ、それに対して責任をもつ。自分たちの身のまわりのことすら決められなくて、どうして「社会を変える」などと想像できるだろうか？

全くその通りだと思う。だからこそ、街づくりや地域づくりへの住民参加、そしてそれを求める住民運動が大切なのだ。自分たちの地域のことにも関心がもてなければ、どうして「社会を変える」などと思えるだろう。

日本の社会も少しずつ変わってきている。そして社会は少しずつしか変わらない。不安があるのは当たり前で、住民参加を希望していこう。本書はそのような気持ちで書かれている。

第三章　主権と立法権の問題

——小平市都道328号線問題から近代政治哲学へ

住民どころか、議会も介在しない道路計画

この章では都道328号線の問題を参考にしながら、近代の政治哲学の根幹部にある一つの欠陥に迫っていきたいと思う。都道328号線の問題には、この欠陥が非常に分かりやすい形で表れている。それはこの都道の問題が特別な問題だということではない。むしろ逆である。この問題はありふれている。おそらくあちらこちらに同じ構造の問題を見出すことができるだろう。にもかかわらず、この理論的欠落はほとんど指摘されてこなかった。

まず都道328号線建設にあたって住民が直面した問題をもう一度見直そう。私たちが生きているこの社会の政治制度は民主主義と呼ばれている。つまり、主権者は民衆である。ところが、自分たちが住んでいる街に道路を作るという計画にすら、住民は口出しできない。なぜか。そうした計画を実際に策定しているのは行政機関だが、その行政機関に対して住民は口出しできない仕組みが作られているからである。

都道328号線建設にあたって東京都が配布した「都市計画道路ができるまで」というチラシがある。そこには道路ができるまでのプロセスがフローチャートで説明されている。

「測量説明会」から始まり、「事業計画の決定」「用地測量」「事業認可」「契約・補償金支払い」「物件移転」などを経て、「都市計画道路の完成」までに至る過程を説明した図である。

このチラシを見てこうつぶやいた人がいる。「これって、この図のどの時点で地元住民の許可を取るんですか？」。そう、その疑問は当然である。ある土地に道路を作りたい、そこに住んでいる人たちにどいてもらいたい、ということなのだから、住民たちに許可を取るのが当然だ。ところが、フローチャートのどこを探しても許可のことは書いていない。

なぜだろうか？

許可など取らないからである。

たとえば都庁で働く東京都の職員が「小平市のこのあたりに道路を作ろう」と決める。もちろん、いい加減に決めるわけではないだろう。都庁の内部で熱心に話をするのだろう。そうしたら、「説明会」を開いて、測量して、事業認可申請をして……という仕方で事業を進めることができるのである。住民の許可を取る段階などない。住民には、決まったことを「説明」すればいいのである。

実際、３２８号線計画の経緯を見ると、住民の許可を取っていないどころか、議会による計画の追認さえ行われていない。同計画案は、一九六二年と六三年に、行政が作る都市計画審議会が承認しているだけであり、議会による議決は経ていない。二〇一二年、小平市部分の道幅を二八メートルから最大三六メートルに拡張する計画変更が行われたのだが、その際も、小平市に意見照会はあったものの、小平市は都市計画審議会を開いて変更を承認し、それを東京都に通知しただけである。住民どころか、議会も介在せずに道路の計画が決定されているのである。

以上のような行政の決定プロセスに住民が関わることはできない。少なくともオフィシャルに関わることはできない。住民にできるのはせいぜい行政が開催する「説明会」に参加して、「説明」を受けることぐらいである。

主権者は民衆であると先ほど述べた。主権とは政治を最終的に決定する権利を指す。なぜその権利を有している者たちが、道路を作る程度の政策の決定プロセスにすら参加を許されないのだろうか。そして、政策決定プロセスから住民を排除しているこの政治体制が、なぜ「民主主義」と呼ばれ続けているのだろうか?

政治を突き詰めれば「敵か友か」

大きなところから考えていこう。そもそも政治とは何だろうか？　「政治」という言葉は日常的に使われている。新聞にもテレビにもインターネットにも政治のニュースがあふれている。私たちは政治に取り囲まれていると言ってもよい。選挙が盛り上がらなくても、選挙が盛り上がらないということそのものが政治のニュースになる。つまり私たちは政治に取り囲まれているだけでなく、政治はとても大切なものだとも考えている。しかし政治とは何なのだろうか？　政治家がやっていることなのか？　国会のことなのか？

本質を考えるには哲学を経由するのがよい。政治の本質を鋭く論じた二人の哲学者を通じて考えよう。

一人目は、二〇世紀ドイツの公法学者・哲学者、カール・シュミットである。シュミットは政治について大変有名な定義を残した。[*1]シュミットはこう言っている。どんな分野も、そこで扱われている諸問題を突き詰めていくと、ある究極的な区別に到達する。その究極的な区別こそが、その分野を特徴付け、また定義する。

たとえば、道徳の分野ではいろいろなことが問題になる。だが、それらを突き詰めていくと、最終的に見出されるのは「善と悪」という区別である。何が善で、何が悪か、道徳が問うているのは結局はそれであり、その上に複雑な理論や教訓が積み重ねられているのである。経済の分野ならば「利益と損失」、つまり、採算が取れるか取れないかがこの究極的な区別にあたる。様々な複雑な理論が経済の分野で論じられているが、根源にあるのはこの区別に他ならない。あるいは美学ならば「美と醜」が究極的な区別であろう。要するに美しいか醜いか、それが問題なのだ。

どんな分野もその分野を特徴付け、また定義する究極的な区別をもっている。では、政治の分野においてはそれは何か？　政治の分野で問題となる様々な論点を突き詰めていくと現れる区別とは何か？　それは「敵と友」だとシュミットは言う。政治の分野を特徴付け、定義するのは、敵か友かという区別である。この論点で誰が自分の味方になってくれるのか？　自分が推進するこの政策に反対してくる敵は誰か？　政治において問題になっているのは、究極的にはそれである。*2

「多数性こそが政治の条件」

では、なぜ政治はこのような敵／友の概念によって定義されることになるのだろうか？我々にとって政治がとても大切なものだとして、その大切なものの中に敵と友という生臭い対立が現れてくるのはなぜなのか？　シュミットと同世代のもう一人の哲学者からそのことを考えよう。

二〇世紀初頭のドイツに生まれ、後にアメリカ合衆国に亡命した女性の哲学者ハンナ・アレントは、『人間の条件』[*3]という著作の中で人間の行為を、〈労働〉〈仕事〉〈活動〉の三つに分類している。その中に、政治についての大変興味深い指摘がある。まずは一つずつその分類を確認していこう。アレントは人間が人間であるための条件、〈人間の条件〉を挙げながら、これら三つの行為を説明している。

一つ目の〈労働《レイバー》〉。これは食物や衣料品の生産など、人間が生き延びるために必要な消費財を作る行為を指す。〈労働〉の特徴は、それによって作り上げられたものが消費され、消えていくところにある。そのような消費財がなければ人間は生存できない。これはつまり「生命」という〈人間の条件〉のために必要な行為である。

二つ目の〈仕事《ワーク》〉は、人間が自然の中で生きていくために、この世界そのものを作り替えていくことを指す。たとえば、テクノロジーは自然の中に人工的な世界を作ることを可能にする。住居はテクノロジーがもたらす人工的な世界だ。〈仕事〉の特徴は、その対象の耐久性ないし永続性にある。したがって、目には見えないが存続し続ける仕組み（保険制度、政治制度、慣習など）もそこに含まれる。〈仕事〉は「世界」の中で生きねばならないという〈人間の条件〉のために必要な行為である。

三つ目の〈活動〉は、人間が物を介さずに行う唯一の行為だと言われている。それに対応する〈人間の条件〉は「多数性」である。どういうことだろうか？　アレントが言っているのは実に当たり前のことである。人間は必ず複数人存在している。人間は一人ではなくて多数である。したがって、人間は必ず多数でともに生きなければならない。人間は互いに混じり合い、交流しながら生きることを運命付けられている。〈活動〉とは、この人間の交わりのことである。そしてアレントによれば、政治とはこの〈活動〉から生じる営みに他ならない。

アレントは多数性という〈人間の条件〉について次のように言っている。「確かに人間の条件のすべての側面が多少とも政治に関わってはいる。しかし、この多数性こそ、全政治生活の条件であり、その必要条件であるばかりか最大の条件である」（二〇頁）。

多数性こそが政治の条件であるとはどういうことだろうか？　アレントの言うことを多少敷衍《ふえん》しながら考えてみよう。

人間が多数存在するとは――実に当たり前のことだが――それぞれに異なった、多種多様な人間たちが存在しているということである。そうしたそれぞれに異なる人間の間で、すなわち、複数の異なる意見の間で、合意を取り付けて決定を下すのが政治という〈活動〉に他ならない。人間が複数存在していなければ、政治は必要ない。人間が一人しかいないなら、人間は一人で好き勝手に行為すればよい。人間の多数性こそが、多数の人間の間を取りもつための政治という営みを要請する。

多と一を結びつける困難な営み

するとここから、政治そのものの本質が見えてくるだろう。人間は常に複数いる。政治はその間を取りもち、合意を取り付け、決定を下す。問題は、政治がもたらす決定が一つでしかありえないということである。たとえば、橋を作るか、それとも作らないかという問題に対する答えは、作るか、作らないかのどちらかでしかない。橋を作り、かつ、橋を作らないということはできない。政治がもたらす決定は一つでしかありえない。

このことは政治が、複数の人間と単数の決定を結びつける営みだということを意味している。人間は必ず複数人いて、一緒に生きなければならない。そのためには政治的な決定が必要であるが、その決定は一つでしかありえない。つまり政治とは、多と一を結びつけることである。これこそ、政治の条件に多数性を見るアレントの政治概念から引き出される政治そのものの定義、政治の本質に他ならない。

ここに、政治というものの原理的困難がある。多と一は結びつかない。一は一であり、多は多である。橋の建設に関して、どこに作るか、どのようなものを作るか、そもそも作るのか作らないのか、様々な見解が存在しうる。しかし政治はそこから一つの決定を導き出さねばならない。これは原理的には無理である。政治は多と一を結びつけねばならないが、多と一を結びつけることはできない。政治が困難で厄介なのは、この原理的に無理なことをやっているからだ。

先ほど我々は、カール・シュミットの政治の定義を見ながら、なぜ政治が敵／友の区別によって定義されるのかという問題を提示した。答えは簡単である。政治が、多と一を結びつけるという無理な営みだからである。無理なことをやっているから、そこに争いが生まれるのだ。多数の中からどの一を選ぶか？　複数の意見からどの決定を導き出すか？そこには必ず争いが生まれる。そして、敵と友の区別が出現する。政治の根源には敵と友の区別が存在する。アレントが指摘する人間の多数性こそは、政治がそのようなものでしかありえないことの条件である。

「権威」による支配の弱体化

人間が政治から逃れられないとしたら、政治が必ず敵と友の区別をもたらすという事実に少々落胆する人もいるかもしれない。だから、敵と友の区別が現れないような政治もあるのではないかと夢想してしまう。しかし、最も恐ろしいのは、政治が実は無理なことをやっているという事実が忘れられ、敵／友の区別がまるで存在しないかのように政治が扱われるようになる時だ。その時、支配する側にいる者たちにとっての敵、あるいはその敵の意見は、こっそりと処分されるだろう。時にはその意見が無視され、時にはその意見の担い手が抹殺される[*4]。

人類は、特に近代に入ってから時折そうした過ちを犯しはしたものの、基本的にこの政治という営みの困難をよく理解していた。だから、何とかこの無理な課題をこなそうと工夫してきた。その際に人類が用いた主要な手段は、権威に頼ることである。

政治において多と一を結びつけるためには、その一なる決定と意見を違える者たちを説得しなければならない。説得することは、必ずしも相手が納得することを意味しない。納得はせずとも、同意してくれればよいのだ。そのためには、相手が何も口出しできなくなるような権威を用いればよい。

権威として最も活用されてきたのは宗教的権威である。これは、政治社会の支配の正統性を神に求め、「これは神様の命令である」という形で社会を統治するやり方である。よりミクロに社会を眺めるならば、最も多く利用されてきたのは、伝統的権威と言えるだろう。「昔からこうやっているからこうするべきなのだ」とか「昔からこの人の言うことに従ってやっていくことになっている」などといった形で共同体は統治されてきた。[*5]

しかし、宗教的権威や伝統的権威による支配は、近代に入って急速に力を失うことになる。近代初期のヨーロッパを参照しよう。日本を含めた現在の多くの国家の政治体制は、ヨーロッパで形成された政治理論をその基礎に置いている。したがって、その政治理論を問題にする本書は、ヨーロッパの歴史を参照しなければならない。

ヨーロッパは一六、一七世紀に多くの宗派内戦に苦しんだ。その背景には、中世的な宗教規範・宗教権威の崩壊がある。いわゆるルターの宗教改革が始まるのは一六世紀前半のことだが、それだけではなく、かつてカトリシズムと手を組んで巨大な秩序を作り上げていた封建体制もまた、一四世紀頃から次第に各地に築き上げられつつあった統一的国家体制の興隆に伴い弱体化していた。新しい政治体制が模索されつつあった。

統治を正統化する概念としての「主権」

その模索の中で、封建諸侯・貴族・教会が各地を支配していた分権的な体制から、君主が強大な力をもって国家という領土の内部を支配する集権的な体制へ、という大きな流れが生まれてくる。ひとたび宗教的権威が失墜すればすぐに内戦が起きかねない、そんな社会を、統一的国家体制によって統治するというのが近代の出した答えであった。その権力は君主が担った。一六世紀頃、そうして現れたこれらの国家は「絶対主義国家」と呼ばれる。

絶対主義国家は、その名前故に、支配者たる君主が確たる絶対的な権力をもっていたように思われがちである。しかし、この時期の王権はその名前とは裏腹に非常に脆弱なものであった。君主は常に廃位の可能性に怯えていた。[*6] 中世史の大家マルク・ブロックが述べているように、ヨーロッパの王政は封建制よりもはるか以前から存在していたが、封建時代には「広域支配の代償として、長いこと、実効性の乏しい活動しかできなかった」。[*7] そうした君主が新しく統一的国家体制を統治しようとしている。近代初期の時点でその統治がまだまだ弱々しいものであったことは想像に難くない。

新しく生まれた絶対主義国家の政治体制は、それまで諸侯・貴族・教会に従ってきた民衆が、なぜ、突然、国家という巨大な存在に政治的に従わねばならないのかという疑問に答えなければならなかった。近代的な統一国家が現れつつあった近代初期、それを統治する君主を正統化する何かが必要であった。そうして考案されたのが、「主権」という概念である。

「主権」という言葉を近代的な意味で最初に用いたのは、フランスの法学者ジャン・ボダンである。ボダンはその『国家論』（一五七六年）の中で、主権を「国家の絶対的かつ永続的権力」と定義した。つまり、国家というものは、誰にも侵すことのできない権利をもつと主張したのである。

主権には二つの意味がある。一つは、対外的なもの。外的ないかなる力も国家の権力を侵すことができないということだ。具体的には、神聖ローマ帝国皇帝やローマ教皇の権威のことが念頭に置かれていた。国家はいかなる世俗的権力・宗教的権威に対しても自立している。誰も国家に口出しできない。なぜなら国家は主権をもつから、というわけである。この場合、主権は自立性の主張である。

もう一つは、対内的なものである。本書にとって重要なのはこちらの方である。対内的には、主権とは超越性の主張である。主権は、一定の領域内で超越的に働く。それは被治者を支配し、拘束する。では、具体的にはどうやって、支配し、拘束するのか？　ボダンははっきりと述べている。主権とは何よりもまず、「すべての人々または個人に法を与える」権力である。[*8] すなわち、主権とは立法権に他ならない。

「法」による支配という決定的選択

ここにあるのは、支配者による統治は、法によってこそ行われるべきだという思想に他ならない。近代の政治体制に慣れている我々にとっては、それは当然のことのように思われるかもしれない。しかしそうではない。支配者による統治は、慣習によってもなされうるし、支配者本人の手腕に基づく技術によってもなされうる。

たとえば、これは司法の例になってしまうが、一八世紀まで、ヨーロッパの裁判は明確な実定法に基づいて行われていたわけではなかった。同じ犯罪でも地方によって罰の重みが違った。しばしば裁判官は拷問を使ったが、これは被疑者と裁判官の闘いのようなものだった。拷問という試練を乗り切ることは、被疑者の潔白を証明することと考えられていた。刑罰の種類や様式も裁判官が工夫を凝らしていた。こうした事態が当たり前のこととしてあったのは、公開されうる明示的な規則に基づいて裁判や刑罰が執行されるべきだという考えがなかったからである。[*9]

それに対し、主権を立法権によって定義する思想の根幹部にあるのは、公開されうる明示的な規則に則ってこそ統治がなされねばならないという考えに他ならない。近代初期に求められていたのは、新しく生まれ、その支配を何とかして確立せんとしていた絶対主義国家に正統性を与える何かであった。その正統性は、公開できる公共的なものでなければならない。だからこそ主権は立法権として定義された。つまり、法という規範に従って、統治が行われるべきだと考えられた。

つまり、単にうまく統治するというのではなく、規則に則って統治するということが重要視されるようになったのだ。〈統治の技術〉に対する〈統治の規範〉の優位が確立されたと言ってもよいだろう。[*10]

ここで近代の政治を運命付ける、一つの決定的な選択がなされたのだと言ってよい。この時から政治は「公開性」をその原則とすることになった。[*11] 主権が立法権として定義されたのは、その帰結に他ならない。そして、その後の流れを先取りして言えば、この主権がまずは君主に対して認められ、君主が「主権者」と呼ばれるようになるわけだが、その後、一八世紀には、人民こそがこの主権の担い手であるという考えが示される。現在の「国民主権」に通じる考えがその頃作られたわけである。

ホッブズの社会契約論における「主権」

ボダンが近代政治哲学の端緒を開いたとすれば、近代政治哲学を明確な体系性をもって打ち立てたのが、一七世紀のイギリスの哲学者トマス・ホッブズである。その著書『リヴァイアサン』[*12]で展開された政治哲学は社会契約論として知られる。一国の支配者の統治に正統性があるのはなぜか？　私たちはなぜ彼が作った法に従わねばならないのか？　それは私たちが契約によって支配者に主権を認めたからだ――これが社会契約論の基本的な考えである。

ホッブズの社会契約は、君主に対する服従の契約である。なぜ服従の契約が必要かといえば、権力者に対して全員一致で服従しない限り、無法状態が社会を支配することになるからである。宗派内戦に悩まされるヨーロッパを知っていたホッブズには、この無法状態は相当なリアリティーをもっていたのだろう。人間は自然状態では戦争をしてしまう（戦争状態）。だから、社会契約によって法治状態を作り出さなければならない。

ホッブズの考えの基礎にも、支配の正統性を何とか確保しなければならないという使命感があることが分かる。もはや宗教的・伝統的権威で支配を正統化することはできない。ならば、支配者の統治は被支配者全員の契約に基づいているとすればよい。

もちろん、「そんな契約はいつ締結されたのか？」とか「そんな契約をした覚えはない」とか様々なツッコミがありうるだろうし、実際、ホッブズの政治哲学にはそうしたツッコミが執拗になされてきたのだが、その点はここでは論じない。重要なのは、ホッブズが主権という考えを継承し、社会契約によって主権が設立されると考えたこと、そして、やはり主権の中心に立法権を置いていることである。

ホッブズは主権に属する諸々の権利を一二個挙げている（第二部第一八章）。既に我々が見た主権の三つの性格、すなわち、（1）不可侵性、（2）対外的諸権利、（3）対内的諸権利がはっきりとその中に確認できる。（1）に対応するのは、主権者による統治の形態を変更したり、主権者から主権を剥奪したりはできないこと、つまり革命は許されないことを定めた規定である[*13]。（2）に対応する規定としては、防衛に関する権利、平和と戦争に関する諸権利が挙げられている[*14]。そして、問題の（3）。これに対応するものとして挙げられるのは、やはり、法を制定する権利である[*15]。国内を統治する際に主権が用いる最大の手段は、市民法の制定、すなわち立法である。

ただし、ホッブズによる主権の定義にはまだ立法権として純化されきっていない点がある。*16 ホッブズは国内の思想統制や報償による意識操作なども主権の権利に掲げているからである。つまり、ホッブズの主権概念には技術的な性格がまだ残っている。これはホッブズが近代初期という移行期を生きた哲学者であることの証しであろう。

主権を立法権として純化したルソー

それに対し、〈統治の技術〉に対する〈統治の規範〉という考えを純化し、近代的な主権概念をある程度の完成にまでもっていったのが、一八世紀の哲学者ジャン＝ジャック・ルソーの『社会契約論』*17 である。

ルソーは、主権の行使とは主権者たる者のもつ「意志」の表明に他ならず、そうして表明されたものが法律になると明確に述べている（第二編第二章）。宣戦や講和の権利などが──たとえばホッブズによって──主権の一部をなすと見なされ、その結果として主権は、執行権、課税権、司法権、交戦権、条約締結権など様々な部分に分割されて理解されているが、それは誤りだとルソーは言う。これらはどれも立法権としての主権から出てくるものに過ぎない。つまり法律の適用に過ぎない。主権とは、その根幹にある、法律を制定する権力、すなわち立法権だというのがルソーの明確な主張である。その他の権利はこの立法権に従属するものに過ぎないのだ。

ルソーは主権概念を立法権として純化するとともに、更に、主権者についての重要な――そして非常に有名な――転換を行った。ホッブズにおいて社会契約は君主に対する服従の契約であった。それに対し、ルソーはこう言う。「人間は新しい力を生み出すことはできず、ただ既にある力を結びつけ、方向付けることができるだけである」(第一編第六章)。ならば、社会契約によって打ち立てられる主権とは、契約者たちのもつ、既にあった力の総和でしかありえない。つまり、主権者とは、契約に参加している国家の構成員、すなわち人民のことである。ここに「人民主権」という、後の民主主義の基礎となる考えが現れる。

ルソーが民主主義の祖のように扱われる時、しばしば人民を主権者とする規定ばかりが取り上げられるが、注目しなければならないのはむしろ、主権の概念そのものが維持されたこと、そして、主権が立法権としてより純化されて定義されたことである。なぜなら、この定義こそが後の民主主義の形を決定づけることになるからである。

ルソーはしばしば「直接民主制」を唱えたと言われており、また「代表」については確かに否定的な見解を述べてはいるが、選出による政府の設立は認めている。また、「直接民主制」的な制度として彼が実際に提唱したのは定期的な民会の開催である。そこでは時の政府をこのまま維持するかどうかが毎回議題にされる（第三編第一八章）。こうした政治形態は小国でしか可能ではないだろう。実際、ルソーは国家の大きさという問題を非常に重視しており、彼の理想とする政治形態は極めて小さな国でしか可能ではないとはっきり述べている（第三編第一五章）。

　現実の歴史ではそのような小国が実現することはなかった。この後、人民主権は、ルソーの主張とは裏腹に、代議制によって担われることとなる。さて、主権は立法権として定義されたのだった。したがって、人民の主権の代表者たちは立法権に関わることになる。代表者たちの集まる議会は立法府となる。

　こうして私たちがよく知る議会制民主主義が生まれた。近代の政治体制は、主権者たる人民の代表者を立法府たる議会に送り込むことで、この人民主権を実現することにしたのである。各国がルソーの著作を読んで政治体制を組み立てたわけではないにせよ、議会制民主主義の根幹にあるのはこのような考えである。

議会制民主主義の課題とされたこと

さて、ここから出てくる課題は何だろうか？

議会は人民主権を代表するものだ。だが、しばしば指摘されるように、この代表なるものはうまく機能しない。代議士というのは、代わりに議論する者のことであるのに、その地位が固定化されて、人民の意思とは無関係に選出されている。また、議会で議論して適切な結論を導き出すことが議会制の理想であったが、そのような議論はしばしば困難、いやほとんど不可能であり、結局は多数派が勝利する多数決によって結論が出されてしまう。民主主義はしばしば多数決の別名とも思われている。これでは人民主権ではなく、多数派主権である。

それを乗り越えようと、いくつかのアイディアが出された。たとえば現在では「熟議」なるものが注目を集めている。意見はあらかじめあるのではない。それは話し合いの中で変化し、またできあがっていくものなのだから、じっくりと議論することで、参加者の意見を方向付けていき、結論を導き出すことが可能ではないかというわけである。これは確かに傾聴すべきアイディアと言わねばならないだろう。

あるいは、情報技術の発展により、ルソーが考えていたような直接民主制的な制度を電子空間の中に作り出せるかもしれないという議論もある。電子技術の発展により代議士は必要なくなるという妄想もあったが、今ではより現実的に、代議士による熟議と電子技術による直接民主制を組み合わせるという提案もなされている[*18]。

とにかく人民主権が行使される場は立法府たる議会なのだから、この議会を何とか改革しなければならないという議論がこれまで続けられてきたし、今も続けられている。そこには様々な有益な議論も含まれており、これからもそうした議論を続けなければならないし、実際にそれは続いていくだろう……。

実際の問題は何だったのか

しかし、ここでちょっと立ち止まっていただきたい。

政治とは何かを問い、そして、近代の政治哲学がいかにして近代の政治制度を作り上げてきたのかを見てきた私たちには、右のような課題が出てくるのは自然である。実際の社会でも、そうした課題が熱心に論じられているし、学者たちもそれに熱心に取り組んでいる。議会こそが主権が行使される場所、すなわち、政治を最終的に決定する場所なのだから、人民主権の考えに基づいてこれを何とかよくしなければならないと多くの人が必死に考えてきたし、考えている。それは当然である。

だが、ここに盲点があるのだ。思い起こそう。都道３２８号線問題において住民が直面した現実とは何だったか？　それは実際の政策決定が、議会ではなくて役所で、すなわち、立法府ではなくて行政機関でなされているということだった。

議会という立法機関こそが国民主権の行使される場だとされている。それは、繰り返すが、主権が立法権として定義されているからだ。だが、立法権は実際には決定を下していない。現実の政治的決定は、執行機関に過ぎないはずの行政機関においてなされている。議会は実際には決定を下していない。東京都議会が小平の鷹の台付近に一・四キロの道路を作ると決定するはずがないのだ。このことは何を意味するか？

主権者が一定の領域や人々を治めることを「統治」という。統治するためには、立法されたものを適用しなければならない。つまり、法律に基づいて様々な手続きが執行されねばならない。この執行を担っているのが諸々の行政機関、すなわち官庁や役所である。近代の主権理論によれば、立法府こそが決定機関であり、行政府はその執行機関に過ぎない。決められたことを粛々と実行していく機関に過ぎないというのがその建前である。

しかし、実際には行政機関はただ決められたことを執行しているわけではない。行政は執行する以上に決定している。行政はただ決められたことを右から左に流すように行っているのではない。なぜなら、執行には必ず判断と決定が必要だからである。

たとえば道路を作るにあたってのルールは、立法府において決定されるだろう。だが、実際の道路は様々な具体的状況の中で建設される。ルールをどう適用するかは、その具体的な状況に携わっている執行機関によって判断される。つまり、ルールを作るのは立法府ではあっても、それを適用するのが行政府である以上、現実の決定は行政機関において下されざるをえない。

行政が全部決めるのに民主主義と呼ばれる社会

ここで主権が巨大な問題に直面することになる。主権が立法権として定義されている以上、主権者たる人民が立法府に関われれば、それで「人民主権」の実現である。主権者たる人民は、立法されたことを執行している
に過ぎない行政機関には関わる必要はない。すなわち……「確かに主権者たる人民の意思が十分に立法府に届いているかというとそれは心許ないし、だから選挙制度の改革なども必要だろうが、しかし、立法府の構成員はやはり人民によって選ばれているのだから、不十分でこそあれ、これは立派な人民主権だ」と

いうわけである。

　私たちは、立法権に対する主権者の関わりが不十分であることはよく知っている。選挙制度や議会制度に問題があることも知っている。そして、私たちはその不十分を何とかしようとしている。学者やジャーナリストも頑張っている。これは確かに重要な論点である。だが、その問題にかかずらうことによって、私たちはある現実を見失っている。それは、実際の決定は立法府ではなくて、行政府で下されているという現実、そして、それにもかかわらず、立法権として定義された主権概念のために、行政機関がいつまでも「自分は執行機関に過ぎない」と言い募ることができるようになっているという現実である。

　役所や官僚に対する批判というのはよく耳にする。だから「行政が全部決めてるなんて、そんなことは分かっている」という人がいるかもしれない。しかしそういう人はよく考えていただきたい。なぜそういった批判がこれだけ世の中に広まっているのに、この社会は「民主主義」と呼ばれ続けているのか、を。問題は、役所や官僚が政治的決定を下しているという現実が十分知られているにもかかわらず、この社会が民主主義と呼ばれ続けているのはなぜか、ということなのだ。

主権という理想の不可能な課題

実際の国家の統治は極めて複雑なものである。だから行政機関が巨大化し、また専門分化していくことは避けられない。だが、にもかかわらず今の社会は、近代初期に作られた主権の概念に依拠し続けている。立法権によって国家を統治するという理想に依拠し続けている。ここにこそ、今の民主主義の危機の起源がある。確かに議会が民意を反映しているかどうかは重要な論点である。しかし、それと同時に、あるいはそれ以上に、議会に与えられた立法権なる権限によって社会を統治することは可能なのかどうかを問わねばならないのだ。

この問題を明確に指摘したのが、政治哲学者大竹弘二氏の「公開性の根源」という論文である。[*19]まだ雑誌連載中のこの論文はおそらく近々書籍の形で世に問われることになるだろうが、そうなれば政治哲学を巡る風景は一変することだろう。これはまさしく世界最先端の政治哲学研究であり、その成果はなるべく早く実質的な形で広く社会に共有されねばならない。本書は大竹氏のこの論文に多くを負うている。

大竹氏は自らが専門とするカール・シュミットについての研究を出発点に、ミシェル・フーコーやジョルジョ・アガンベンら現代の哲学者たちの議論を最大限に活用しながら議論を進めている。本書と同じく大竹氏が出発点とするのも、ボダンやホッブズやルソーにおいて、主権が立法権として定義されていたという事実である。[*20] その上で大竹氏は、次のような極めて重要な指摘を行う。

現代の危機は単に民主主義や人民主権の危機なのではなく、主権の危機、あるいはこの言い方が月並みに過ぎるとすれば、近代の発明物である主権概念が目指していたものの危機ではないか（一四四頁）。

主権概念が目指していたものとは、立法権によって国家を統治するという理想に他ならない。つまりここに言われる危機とは、統治が「法や主権から離脱しつつある」という危機のことだ。

大竹氏が明確に指摘しているように、この場合、主権が君主にあるか、国民もしくは人民にあるかは問題ではない。つまり、王さまが主権をもっていようと、国民ないし人民が主権をもっていようと、この危機は避けられない。しかも、大竹氏はこの危機が一過性のものではない可能性に言及する。すなわち、そもそもこの理想が不可能な課題を背負っていたのではないかということだ。「統治というのは、主権による制御が本質的に不可能なのではないか」(一四五頁)という疑問が提起されざるをえないのである。

身体は頭脳の言うことをきかない

近代の初期ではこの不可能性が強く意識されていたという。大竹氏はイギリスの王権について言われる有名な格言「国王は君臨すれども統治せず」を、興味深い仕方で解釈できるかもしれないと言っている(一五六頁)。つまり、国王は主権をもって法に正統性を与え、それが行政機関によって執行される。しかし統治は法の単なる適用には収まりきらない。それどころか、法の執行が主権者を無力にすることすらありうる。主権がピラミッドの頂点を指し示すとすれば、その下には、長く続き、複雑に絡み合う行政の経路、あるいは「統治の空間」が広がっている。大竹氏は、次のような見事な言葉でこれを表現している。

統治は主権者の立法を単に適用するだけのものではない。それは主権に飼い慣らされた行政活動に尽きるものではない。統治は本質的に、法や主権から分離していく可能性を孕んでいる。それによって開かれるのは、君主を取り巻く大臣の、法律を執行する官僚や警察の、神の意思を伝達する天使の世界である（一五七頁）。

実際に一定の領域内で人々を治めるためには、法律というルールを定めればすむわけではない。統治は、単なるルールの適用にはとどまらない。どんなルールを定めても、実際の統治はそこから離れていく可能性をもっている。主権による立法によって、統治を完全に制御することなど不可能であり、その意味で、主権によって行政を「飼い慣らす」ことはできない。行政は行政自身で統治のために判断し、決定を下す。主権者たる君主は確かに君臨してはいるが、実際の統治においては大臣が事にあたる。決められたルールである法律は、実際にそれを執行する官僚や警察が解釈した上で適用される。世界を統べる神の意思は常に、天使のような使者によって伝達されるが故に、歪曲される可能性をもっている。

大竹氏が言うように、行政とは、主権による決定（立法）を統治の現場に運ぶ一種の媒介《メディア》である（一五七頁）。つまり、行政による事実上の政策決定という問題は、この媒介《メディア》が決して透明ではありえないこと、そしてそれが最初の決定からの逸脱の可能性に常に曝されていることに由来するものである。近代の政治哲学はこの媒介《メディア》の問題を蔑ろにしてきたと言ってもよい。

ホッブズは行政を行う者たちを「公共的代行者」と呼んでいる（『リヴァイアサン』第二部第二三章）。行政官とは、主権による決定を代行者として遂行しているに過ぎない、と。ホッブズによれば彼らは「自然人の肉体のそれぞれの手足を動かす神経と腱に似ている」という。つまり、司令するのは立法権たる頭脳である。その司令が神経と腱によって末端に伝えられ、手足を動かす。

理性的な主体がその頭脳によって思うがままに自らの肉体を動かす。それが近代の理想だった。しかし、身体がしばしば頭脳の言うことをきかないというのは誰もが体験することである。その当たり前の感覚を政治の場で取り戻さねばならない。都道３２８号線問題で住民が直面したのも、この近代の政治哲学の理想がもたらした問題なのである。

第四章 民主主義と制度

——いくつかの提案

根本から変えることの問題点

前章で近代の政治理論が抱える欠陥を検討した。

近代の政治理論は主権という概念を作り出すとともに、これを立法権として定義した。これは公開性を統治の根本に置こうとしたためである。ところが、法の制定と法の適用の間には大きなギャップがある。法の制定だけでは、法の適用を十分に制御することはできない。それ故、法の適用、すなわち行政に携わる行為者が実際の統治を率先して進めるという事態が発生した。しかも行政は、建前の上では法を適用しているに過ぎない。つまり、行政は決められたことを粛々と実行する執行機関に過ぎないと見なされている。この建前がある以上、主権を担う者がわざわざそこに首を突っ込む必要はないことになる。

近代の民主主義の場合、主権の担い手とされているのは民衆であるが、その主権の行使は立法権に部分的に関わること、すなわち選挙によって代議士を議会に送り出すことにほぼ限定されている。なぜそれにもかかわらず民衆が主権者と言われうるのか、すなわち、なぜそのような政治体制が「民主主義」と言われるのかと言えば、立法こそが主権を行使する場であると定義されているからである。

法を適用する側、すなわち行政は、実際には様々な物事に決定を下しており、事実上の統治を担っている。しかし、行政は執行機関に過ぎないという前提があるため、主権者たる民衆はそこにアクセスできない。

では、この近代政治理論の欠陥に端を発する近代民主主義理論の欠陥をどう正していけばよいだろうか？　本章ではこの課題に取り組もうと思う。そのためにまず、いったいどのような発想でこの課題に取り組んだらよいかを考えたい。

近代の議会制民主主義については、一九世紀以来、多くの疑問が投げかけられてきた。議会は一部の支配階層が牛耳っている。多数派の意見しか通らない。民意を反映していない。議会なのに少しも議論などしていない……。今も議会に対する批判は繰り返されている。確かに議会には問題がある。

だが、それを根本から変えるなどというのは実に難しい。だから、「根本から変えなければダメだ」という主張は多くの場合、あきらめか、あるいは革命への待望に至る。どちらも要するに何もしないということである。

では、どうすればよいだろうか？

「制度が多いほど、人は自由になる」

ここで参考になる考え方がある。現代フランスの哲学者ジル・ドゥルーズは、一八世紀イギリスの哲学者デイヴィッド・ヒュームや、フランス革命時の政治家サン・ジュストの考えを参考にしながら、大変興味深い「制度論」を展開した。

ドゥルーズは制度と法を次のように対比させて定義している。法とは行為の制限である。たとえば、「盗んではいけない」「殺してはいけない」等々、法は人の行為を制約する。それに対し、制度とは行為のモデルである。たとえば結婚は一つの制度だが、それは生き方のモデルとなる。

社会というものは、多くの場合、法によって人々の行為を制限することで初めて成り立つと考えられてきた。人々は放っておくと何をしでかすか分からないから、法によって縛り付けておかねばならないというわけである。自然状態を戦争状態として考えたトマス・ホッブズの社会契約論がその典型である。この場合、社会の起源には、人々を縛り付け、行為を制約する法が見出されることになる。

それに対しドゥルーズは、ヒュームの哲学に依拠しつつ、複数の制度が組み合わさって構成されているのが社会だと考えた。たとえば人々の私有に対する欲求を満足させるために所有制度が作られた。労働を有効に活用するために分業の制度が作られた。共同体全体に関わる物事を決めるために寄合の制度が作られた。制度とは創意工夫によってもたらされる手段のことであり、社会とはこの手段の組み合わせによって成立しているというわけだ。

このように考える時、法は社会の起源に見出されるものではなく、制度の後に来るものと考えられることになる。所有制度が作られたから盗みが起こることになり、それを禁止する法が必要になる。結婚制度が作られたから、重婚が禁止される。ここから見えてくるのは、法という否定的・消極的なものによってではなく、制度という肯定的・積極的なものによって社会を定義する新しい社会観である。

ドゥルーズはこの議論を国家の政治制度にも拡張する。法は行為の制限であるから、法が多ければ多いほど国家は専制的になる。それに対し、制度は行為のモデルであるから、制度が多ければ多いほど、国家は自由になる。制度があって初めて可能になる行為の数がどんどん増えるからである。言い換えれば、何か満足を求めたり、目標達成を目指す際の、手段が増えるということだ。

ドゥルーズはサン・ジュストの大変興味深い議論を紹介している。「今は余りにも法がありすぎて、余りにも市民制度がなさ過ぎる。我々は市民制度を二つか三つしかもっていないのだ。アテネにもローマにも、たくさんの制度があった。私は制度が多ければ多いほど、人は自由になると考える。制度は君主制下では少なく、絶対専制下ではなお少ない。専制はたった一つの権力に牛耳られているが、この力を弱めるためには、制度を増やしてゆくしか道はない」[*1]。

ここからドゥルーズは次のような結論を導き出す——専制とは、多くの法とわずかな制度をもつ政体であり、民主主義とは、多くの制度とごくわずかの法をもつ政体である[*2]。

なぜ議会の改善ばかりに目を向けるのか

この制度論から議会制民主主義を見直すと、これまでとは全く異なる視点が得られる。

議会制には大変多くの問題がある。そのためこれまで多くの議論が、議会そのものの改善のために費やされてきた。たとえば、民意がよりよく反映されるためにはどのような議会であるべきか、多くの人が真剣に考えてきた。

しかし、別の発想が可能ではないだろうか？　議会は私たちが政治に関してもっている制度の一つに過ぎない。ならば、制度をもっと増やすという考え方ができるのではないか？　多くの制度をもつ政体を目指すことが可能ではないだろうか？

　なぜ議会制民主主義の改善を目指す議論は、議会そのものの改善ばかりに目を向けてしまうのだろうか？　その理由は議会制民主主義そのものに見出されるだろう。議会制は、すべての政治案件を議会という一つのアリーナに集約して処理することを目指す体制である。つまり、議会制は政治を一元的に処理することを理想としている。

　この理想は強固なものだ。そこに、議会制民主主義における人民主権ないし国民主権のすべてが賭けられているからである。だから、この理想の実現は人々の心をつかんで離さない。人は何としてもそれを実現しようとしてしまう。議会制を巡る議論までもが、議会制の理想と同じく一元論的な発想になってしまう理由は、おそらくここにある。

　しかし、実際の政治は一元的に決定されているわけではない。議会だけが決定を下すなどというのは嘘であって、役所や官庁や警察など、議会以外の様々な機関で政治や社会に関わる決定が下されている。つまり実際には多元的に決定されているのだ。

　ならば、主権者である民衆が政治に関わるための制度も多元的にすればいい。つまり、議会という制度は一つの制度として認めた上で、さらに制度を追加していけばいい。確かに議会は重要な制度であるから、これの改善はもちろんだ。しかし、議会の改善だけでなく、それと同時に、それと平行して、制度を追加していけばよい。「制度が多ければ多いほど、人は自由になっていく」。

前章で詳しく説明した通り、主権とは立法権であるという建前があるために、主権者たる民衆は行政による決定のプロセスから排除されているのだった。ならば、行政の決定にこの主権者が関わるような制度を作っていけばいい。立法府だけでなく、行政府にも主権者が関われる制度を作っていけばいい。そうすれば、近代の政治哲学の誤りを少しずつ是正していくことができる。根本から変える必要はない。革命も必要ない。制度を足していけばいいのだ。

強化パーツを足していくという発想

これは政治機構の全体を新しく作り直すのではなくて、そこに強化パーツを足していくという発想である。これは大した発想ではない。よくある発想だ。しかし、なぜかそうした発想がこれまで政治機構については十分に活かされてこなかった。議会制の理想が一元的であるように、それを巡る議論も一元的になってしまっていた。その意味で「根本から変えないといけない」という発想は、根本から考えているように見えて、実は一元的な議会制の枠組みの中に収まってしまっていたと言えるだろう。つまり根本的でなかった。[*3]

議会制民主主義に強化パーツを足していくという発想は、実は現在、全く実施されていないわけではない。本書では行政の決定に住民がオフィシャルに関われないという問題を重視している。おそらくはそれを見越してのことだろう、現在の日本の政治制度では市長や県知事などの首長は直接選挙によって選ばれることになっている。戦前は地方の首長は政府から派遣された者が担う職だった。この制度の存在は、行政が事実上決定を下しているという現実がある程度理解されていたことの証拠である。住民の選んだ首長が行政を監視し、また議会との緊張関係を保つということがおそらくそこでは求められていた。

しかし、実際には議会と首長の間に緊張関係があることは珍しい。そして、選挙が住民の意見を十分に汲み上げることも難しい。何よりも最大の問題は、個別の政策には全く口出しができないようになっていることである。つい最近も、選挙で選ばれたということは全権委任されたという意味だと主張する市長が登場して話題になった。ある人物が一度選挙で行政の長に選ばれてしまえば、行政の決定に対して住民は何も口出しできないというのではとても民主的とは言えない。それ故、地方行政の長が直接選挙で選ばれるという制度の重要性は指摘した上で、更なる強化パーツの可能性を考えねばならない。

なお、本書が提案するのは、当然のことながら、筆者が今のところ思いついているものだけである。また、本書の提案だけでは十分でないことも明らかである。強化パーツという発想は、今後も制度を拡充していくことを期待して出てきたものである。以上を断った上で、早速提案に入りたいと思う。

住民の直接請求による住民投票

本書がまず最初に呈示したいのは住民投票制度である。なぜ最初にこれを呈示したいかと言うと、この制度が現に存在している有効なものであると同時に、それが十分に活用されておらず、また改善の可能性が十分にあるからである。そしてもちろん、本書の出発点に小平住民投票があることも関係している。

まず現在の日本の住民投票制度を検討しよう。「住民投票」と一言で呼ばれているものは、実はかなり幅が広い。また分類の仕方により、それぞれの住民投票の見え方が全く異なってくるため、一つの分類方法だけを採用することは望ましくない。ここではいくつかの分類を経由しながら、少しずつ本書が取り上げる住民投票に迫っていくやり方をとりたい。

よくある分類[4]としては、住民投票は次の三つに分けられる。

（1）憲法が定める住民投票
（2）首長解職や議会解散を求める住民投票
（3）条例に基づく住民投票

このうち（1）は憲法第九五条によって、国会が特定の地方自治体のみに適用される特別な法律を制定する際に行わねばならないと定められているものである。過去に一九例実施されているが、どれも自治体に財政的な優遇措置を与えるものであったため、すべて賛成多数で可決している。また、最後に行われたのが一九五二年のことで、最近は実施されていない。

（2）は、地方自治法第七六条から八八条で定められた、議会の解散および議員や首長などの解職を問う住民投票のことで、有権者の三分の一以上（ただし、自治体の規模により必要数は細かく定められている）の署名を集めると、選挙管理委員会に実施を請求できるもののことである。いわゆるリコール請求などを指す。

一般に「住民投票」と呼ばれるのは（3）のことである。とはいえ、「条例に基づく」という説明だけでは住民投票の実相には迫れない。そこで今度は、（1）と（2）を除いて考えよう。「条例に基づく住民投票」統計（図表2）を見ながら話を進めていきたい。またこれ以降は「住民投票」という言葉を、（3）の意味に限定して用いることにする。

「提案者」の欄を見ると分かるように、住民投票には

首長提案による住民投票
議会提案による住民投票
住民の直接請求による住民投票

の三つがある。住民投票というと一般に、住民が署名運動を行って実施するものというイメージがあるかもしれないが、それに該当するのは住民の直接請求による住民投票である。それに対し、首長や議会の提案による住民投票とは、その名の通り、市長や議会多数派などの提案によって行われるものだ。

ここで注意しなければならないのは、首長や議会の提案による住民投票は、首長や議会

図表2 「条例に基づく住民投票」統計

提案者別 可否の内訳			
	総数	可決	否決
首長提案	347	306	41
議会提案	240	100	140
住民の直接請求	604	112	492
合計	1191	518	673

テーマ別 実施の内訳	
実施総数	404
合併がらみ	383
合併以外	21

住民の直接請求による住民投票の内訳			
	総数	可決	否決
請求総数	604		
合併関連	411	98	313
合併以外	193	14(うち実施12)	179

国民投票／住民投票情報室(http://www.ref-info.net/)のデータをもとに作成

多数派の主張を正当化するための政治の道具に使われることもあるという事実である。首長と議会(の多数派)が共同すれば、住民投票を、自分たちの都合のよい時期に、都合のよいやり方で実施することが可能である。したがって同じ住民投票でも、提案者によってその意味は全く異なる。住民投票さえ行われれば進んだ民主主義であるわけではないことに注意しなければならない。

確かに、首長や議会が積極的に住民に政策の是非を諮問するという意味では、首長や議会の提案による住民投票も重要ではある。だが、議会制民主主義を強化パーツによって補強し、実際の決定過程に住民がオフィシャルに関われる政治制度を増やしていくという本書の観点からは、住民の直接請求による住民投票に特に注目する必要がある。そして最初の問題は、どのような住民投票が、どれだけ実施されているか、ということである。

［本書は住民投票制度についてある程度詳しく論じているが、いわゆる国民投票については敢えてこれを取り上げていない。現在、日本で「国民投票」といえば、ほぼ間違いなく憲法改正のためのそれを指すが、これについてはより慎重な別個の議論が必要と考えるからである。したがって、以下の成立要件などの議論も、現在の国民投票法が想定している国民投票にそのまま適用することはできない。だが、この節の議論は国民投票について考察する上でも有益なものであると考える。住民投票や国民投票は、地方と中央とを問わず、政府主導で行われる場合、危険な政治の道具になる。政府に都合のよい時期に、都合のよいやり方で、「国民（住民）はこれを認めたではないか」と言うための機会を提供することにもなりかねないからである。本書が「住民の直接請求による住民投票」にこだわるのはそのためである。住民投票はあくまでも住民の主導で行われなければならない。また次の点も指摘しておく。現在の国民投票法は憲法の改正を目指して当時の与党が成立させたものだが、この法律は最低投票率などの成立要件を設けていない。それに対し、市内に通る一本の道路を巡って行われた小平市住民投票では、投票率五〇パーセントという厳しいハードルが課された。国の基本原理である憲法を問う国民投票に最低投票

率が設けられておらず、たかだか一本の道路について問う住民投票には投票率五〇パーセントの成立要件が課されてくる。これが現在の日本の政治の現状なのだ。」

驚くほど高いハードル

住民投票の内容に注目してみよう。これまで日本で住民投票は四〇四回実施されているが（二〇一三年七月時点）、実にその九五パーセントが市町村の合併に関わるものである。また、そのほとんどは「平成の大合併」の際に行われている。当時、政府は行財政基盤の強化などを目的に自治体の数を減らすことを目指し、様々な優遇措置を設けて自治体に合併を促した。合併は二〇〇五年～〇六年にピークを迎え、自治体の数は、一九九五年時の三二三四から二〇〇七年時には一八一二へとほぼ半減した。

合併には住民が反対する場合も多く、合併の是非を巡って多数の住民投票が実施された。合併は行政の主導によって行われるというのが現実である。したがって、合併を巡る住民投票のうち、首長・議会提案のものは、首長および議会が自分たちの進める合併について住民に諮問するために行ったもの、と考えることができるし、住民の直接請求によるものは、首長および議会の進める合併について住民が疑問を呈するために行ったもの、と考えることができる。

「平成の大合併」時のそれを含め、市町村合併を巡る住民投票には多くの実施例がある（三八三回）。そのため、住民の直接請求による住民投票も、合併をテーマとするものはある程度は実施されている（九八回）。ただし、「ある程度」とは言っても、その裏には三一三もの否決例があることに注意しなければならない。合併は住民全員の生活に直接関わるテーマであり、有権者の関心を集めやすい。そして実際に、合併の賛否を問う住民投票はそれなりの数が実施されてきている。しかし、それでも、住民の直接請求による住民投票の実施までのハードルは非常に高い。

もちろん、住民投票は合併のための制度ではない。それ以外にも多くのテーマを巡って、住民投票が住民によって直接請求されてきた。ところが、合併以外のテーマを巡る住民投票となると、住民の直接請求による実施は困難を極める。「住民の直接請求による住民投票の内訳」の欄を見ると、合併以外のテーマを巡る住民投票は一九三も提案されている。しかし、可決に至ったのはわずか一四（そのうち実施されたものは一二）に過ぎない。驚くほどのハードルの高さである。

どれだけ多くの署名を集めても議会が否決

この否決率の高さには制度的な理由がある。ここで直接請求の方法について改めて見ていこう。

住民が住民投票の実施を直接請求するにあたっては、地方自治法第七四条が定める条例制定の直接請求権を利用する。もしかしたら驚かれるかもしれないが、住民投票一般の形式や要件を定めた法律は存在しないので、個別の事例に合わせて、そのたびごとに住民投票のための条例を制定しなければならない（なお現在は、住民投票の形式や要件をあらかじめ条例で定めた「常設型」と呼ばれる住民投票制度をもつ自治体も増えている。これについては後述する）。つまり、住民による条例制定の直接請求という形をとるのである。[*5]

住民が条例制定を直接請求するためには、有権者の五〇分の一にあたる数の署名を一定の期間（一カ月）の間に集めて選挙管理委員会に提出しなければならない。選挙管理委員会は提出された署名簿を審査し、有効な署名の数を確定する。署名数が法定必要数を満たしていれば、条例案を首長（市長や知事など）に提出する。首長は請求内容を審査した上で、条例案に「意見」を付してこれを議会に提案する。「意見」というのは、これを可決すべきだとか、可決すべきではないという意見のことである。

この「意見」をもとに議会が条例案を審議する。議会で条例案が過半数の賛同を得られれば可決である。条例は晴れて公布となる。住民投票条例の場合はその後、議員選挙と同様、投票日が決められ、公示があり、投票日に投票が行われる。

現在の住民投票の最大の問題は、どれだけ多くの署名を集めても、直接請求を議会が否決できるという点にある。たとえば徳島市の吉野川可動堰を巡る住民投票では、当初、有権者の半数の署名が提出されたにもかかわらず、議会がこれを否決している（なお、後に住民の運動によって条例は再議され可決。実際に住民投票は実現した）。五〇分の一どころか、二人に一人が署名しているのに、議会が否決してしまったのである。

いかなるテーマを巡って、どれだけの数の住民投票が請求されてきたかについては、巻末の付録2「住民の直接請求による住民投票条例年表（ただし市町村合併関連のものは省く）」をご覧いただきたい。どの事例にもそれ固有の事情と歴史があることが想像できる。

有権者の数の五〇分の一の数の署名を集めるのは本当に大変である。署名は受任者として登録した人しか集められない。また、署名簿には住所氏名を書くだけではない。捺印と年齢の記載まで必要である。もちろん、代筆は認められず本人しか署名できない。そうした署名集めが一九三回も行われ、そのうちの一七九が議会によって斥けられた。

住民投票一般の形式や要件を定めた法律がないことから分かるように、現在の日本の住民投票には法的拘束力はない。いわゆる諮問のためのものである。つまり、どんな結論が出ようとも、議会や役所はそれを無視して政策を進めることができる。それにもかかわらず、これだけの数の住民投票の請求が斥けられてきたという事実は、住民の自治や参加に対する議会と役所の拒絶反応がどれほど強固なものであるかを物語っている。

ポイントは投票の実施が必至か否か

先に触れた通り、問題毎に住民投票条例を制定するのではなく、条例によってあらかじめ形式や用件を規定した住民投票制度を設けている自治体も増えてきている。その最初の事例は、二〇〇〇年に愛知県高浜市で制定された住民投票条例である（最初の事例が二〇〇〇年のことなのだから、本当につい最近のことである）。これは、一定の条件を満たせば、つまり一定数以上の署名が集まれば住民投票が必ず実施されるという制度である。

二〇一三年時点で全国の六一の自治体がこの種の制度を設けている。住民投票の制度としての定着をもたらすという意味でこの傾向は望ましいものである。しばしば「常設型」と呼ばれるこの制度は、ほとんどが設置されているだけで利用されてはいないが、埼玉県富士見市と同県美里町では既にこの制度を用いた住民投票が実施されている。

ただ、問題もある。「常設型」と呼ばれる住民投票制度が画期的であったのは、一定の条件を満たせば住民投票は必ず実施され、議会はこれを拒否できないという点だった。ところが、神奈川県川崎市、鹿児島県薩摩川内市、東京都三鷹市などの「常設型」住民投票条例は、議会の拒否権を認めている。これでは単に、投票資格者や必要署名数、そして成立要件をあらかじめ固定しているだけで、ほとんど意味がない。住民はこれまで通り、有権者の五〇分の一の署名を集めてから、議会の審判を仰がねばならない。問題に合わせて適切な条件を付すことができないという意味では、住民投票の足かせにすらなりかねない。

大阪にある民間の研究機関「国民投票／住民投票情報室」は、「常設型」という名称の不正確さ故、「実施必至型」という名称を用いることを提唱している。一定の条件を満たせば住民投票の実施が必至であるかどうか、その点に注意して住民投票条例を見極めねばならないということだ。本書では、この提案に賛成しつつも、既に「常設型」という名称が普及してしまっている現状も踏まえ、過渡的な次善策として「実施必至型（常設型）」という名称を用いることにしたい。

我孫子市のすぐれた制度設計

実施必至型（常設型）か否かを問わず、住民投票条例の内容にも注意しなければならない。特に問題となるのは、成立要件である。二〇一三年に行われた小平市の都道建設問題を巡る住民投票では、住民投票条例の可決後に、市からの提案で投票率五〇パーセントという成立要件が付されてしまった。五〇パーセントに満たなければ不成立とされ、開票もされない。つまり、賛成反対がどれだけあったのかも分からない。投票用紙は一定期間を経てから破棄されてしまう（ちなみに、投票用紙を破棄する時には、特別な液体でこれを溶かすのだという）。

この成立要件の問題は、投票ボイコットにより住民投票自体を不成立にしてしまうことが可能である点である。実際、同じ五〇パーセント成立要件を付された徳島市の吉野川可動堰を巡る住民投票では、可動堰の建設推進派が大々的にボイコット運動を行った（しかし徳島市民はこれをはじき飛ばして五五パーセントの投票率を実現する）。住民投票にかけて賛成と反対の意見を聞こうというのがこの制度の趣旨なのに、ボイコットを誘うような仕組みをあらかじめ組み込んでしまうというのはおかしな話である。

とはいえ、何らかの基準を設けるべきだという考えにも一理ある。その点で、千葉県我孫子市の住民投票条例「我孫子市市民投票条例」が参考になる。

これは実施必至型（常設型）の条例だが、我孫子市は投票ボイコット運動が発生するのを避けるため、成立要件を設けていない。その代わりに、「投票した者の賛否いずれか過半数の結果が投票資格者総数の三分の一以上に達した時は、市長、市議会及び市民は、市民投票の結果を尊重しなければならない」というルールを採用している。つまり、開票の結果、賛否のいずれかが投票資格者の三分の一に達していれば、相当な重みをもつものとして扱われるということだ（賛否のいずれも三分の一に達しない場合には参考結果として扱われる）。これは実にすぐれた制度設計と言うべきだろう。*6

外国人や子どもにも投票資格を

もう一つ、住民投票を実施するにあたり、有資格者をどう定めるかも極めて重要な問題である。「市民」という言葉には、どこか「資格を有している者」というニュアンスがある。しばしば「国民」という言葉に拒否反応を示す者が「市民」という言葉を用いることがあるが、もしも前者が排他的と言うならば、後者もまた排他的たりうる。それに対し、「住民」という言葉は違う。住民とは単にそこに住んでいる人のことを言う。そして住民投票で問われるのは、資格があろうとなかろうと、そこに住んでいる人に関わる問題である。その意味で「住民投票」とは実にすぐれた名称である。

住民ではあるが、国籍を有さない者。それは外国人である。住民投票とはそこに住む者のための制度である。したがって、住民投票が実施されるのならば、外国人にも投票権が与えられねばならない。日本国籍を有さない者に選挙での投票権を与えるべきか否かは近年議論が盛んである。おそらく国政についてはより議論を深めていく必要があろう。しかし、住民投票はその名の通り、住民が投票する制度なのであり、住民である者が排除されてはならない。

住民であり、国籍も有するが、投票資格を有さない者もいる。それは未成年、あるいは子どもである。

自分たちが住んでいる土地のことを決めようとしているのに、なぜ二〇歳に満たないという理由で口を塞がれねばならないのか。これは至極当然の疑問である。たとえば、その地に住み続ける子どもにとっては、そこに原発ができるかどうかは大きな問題である。なのに、なぜ投票できないのか？　小平市の住民投票では雑木林を潰す道路を建設するべきかどうかが問われたが、その雑木林を遊び場として享受している子どもたちに、なぜ声を上げる権利が与えられないのか？　「二〇歳未満は未成年だから」などという思考停止を乗り越えて、この問題について考えねばならない。

子どもの意見を街づくりに取り入れている例は実際に存在する。北海道奈井江町では、子どもには街づくりに参加する権利があるとして、「子どもの権利に関する条例」を制定している。合併問題が浮上した際には、大人用の住民投票と並んで、小五から高校生までを対象とした「子ども投票」を実施した。*7

また、ヨーロッパでは住民投票の投票資格を中学生にも与える場合があるという。これは実は住民投票がもつ別の効果とも関係している。子どもにも住民投票の投票資格を与えることには、公民教育の効果がある。住民投票が行われることになると、争点を巡る様々な情報が関係住民に流れる。それによって皆が考える。考えを出し合うための勉強会やシンポジウムなども開催される。そうした一連の過程を経て、子どもも大人も政治に対する関心を磨き上げていく。

この論点は住民投票に対するありふれた批判への反論も与えてくれるだろう。

住民投票はしばしばポピュリズムに陥ると言われる。流されやすい人々の意見で物事が決まってしまうということである。しかし事態は全く逆である。住民投票を迎える住民たちは、自分たちで自分たちのことを決めねばならない。だから、住民投票に向けて考える。またわざわざ直接請求した争点であるから、住民の周辺にはたくさんの情報が流される。シンポジウムや勉強会も開かれる。こういうことが行われないと、ポピュリズムが生まれる。つまり、声の大きい人の意見が通ってしまう。そして、こういうことが行われていないから、通常の選挙ではポピュリズムが跋扈《ばっこ》しているのである。

議会制民主主義の名の下の反民主主義

実は、住民投票の重要性は国政レベルでも認識されており、一時期は拘束型の住民投票制度の導入が検討されていた。総務省は、対象を大型公共施設の建設とするものに限り、法的拘束力をもつ住民投票制度の導入を盛り込んだ地方自治法の改正案をまとめていた。法的拘束力をもった制度を新設するにあたっては確かに慎重でなければならない。そのためこの法案は、地域住民の生活や自治体の財政に大きな影響を与える大型公共施設の建設にその対象を限定していた。その慎重さも含め、この法案は高く評価できる。これは議会制民主主義を強化パーツによって補強していくための重要な一歩となる法案だった。

ところが、全国知事会などのいわゆる「地方六団体」がこれに猛反発し、改正案は反故にされた。つまり地方の議会や首長が、住民の自治と参加のための制度の導入を全力で阻んだということである。「議会制民主主義の根幹を揺るがす」というのがその理由だったという。

しかるべき制約は設けた上で、地域のことを地域住民が決めていくというのは、社会をより民主的にしていくことにつながるだろう。そうした試みが「議会制民主主義」の名の下に否定されたわけである。議会制民主主義が反民主主義的となる場合があることをこれほど分かりやすく示してくれる例は他にない。

前章で詳しく検討したように、近代の議会制民主主義には単純な欠陥がある。民衆は議会に代議士を送り込むことはできるが、実際に物事を決定している行政にはオフィシャルに関われない。だからこそ、議会制民主主義を否定するのではなく、それを補強する強化パーツが必要なのである。その意味で先の法案が廃案になったことはとても残念である。

だが悲観的になる必要はない。対象を限定した上で住民投票に法的拘束力をもたせる法案が実際に作成されたという事実は、そうした制度が実現可能なものであることを意味している。そして、実施必至型（常設型）の住民投票制度が多くの自治体で採用されつつあることで、いかなる住民投票制度が望ましいかについてもノウハウは少しずつ蓄積されてきている。成立要件等、住民投票の形式的な規定に関しては、我孫子市のそれなど見習うべきものが既に存在している。ある意味で機は熟してきている。

住民投票制度についての四つの提案

以上の議論を踏まえて、ここで住民投票制度についての本書の提案を記しておきたい。

一つ目に、国には改めて住民投票制度の法的確立を検討してもらいたいということである。その際、これまでの住民投票の歴史を十分に反省し、実施にあたって積み重ねられてきたノウハウを最大限活かしていただきたい。制度開始にあたっては、二〇一一年の地方自治法改正案のように、大型公共施設に対象を限定するなどの制約付きで始めるのがよいだろう。状況を見て、必要ならば対象を少しずつ広げていけばよい。これは来年からでもできることである。

二つ目に、国がすぐに動き出す気配は今のところないわけであるから、自治体には条例によって住民投票制度を整えていただきたい。その際に重要なのは、単に住民投票制度を常設することではなく、一定の数の署名があった場合に議会がこれを斥けられないような制度（実施必至型）を設置することである。署名集めは非常に骨の折れる作業である。そうした骨の折れる作業がわざわざ行われ、しかも署名が一定数集まるということは、そこで問われているテーマが地域住民にとって非常に重大なものであることを意味している。現状では住民投票には法的拘束力はないのであるから、それを議会が斥けるいわれはない。

あらゆる自治体に実施必至型（常設型）の住民投票制度があるわけではなく、またすぐにあらゆる自治体にそのようなものが設置されることもないであろうから、これからも特定の論点を巡る住民投票条例の制定を住民が直接請求する事態は続くであろう。そこで三つ目の提案として、地方の首長と議会に住民投票条例案の直接請求を最大限に尊重することをお願いしたい。

その際、首長や議会は、「日本は議会制民主主義で物事を決めている国なのだから」という理由は通用しないことを肝に銘じなければならない。議会制民主主義に根本的な、単純な欠陥があるから、そしてその欠陥が問題を起こしているから、住民投票が請求されているのである。議会だけが実際の政策を決定しているわけではなく、むしろ、ほとんどの政策は行政過程によって決定されているという現実が見据えられねばならない。

最後に、いくら住民投票の実施が決まっても、あるいは制度的に保証されても、住民がその論点について進んで情報を得て、考えて、論議して、そして投票するという一連の過程を促すような住民投票が実施されなければ意味がない。そのためには、ボイコット運動を誘う成立要件五〇パーセントという規定は採用されるべきではない。成立要件五〇パーセント規定は、有権者に「どうせ投票に行っても無駄だろう」という気持ちを与える効果ももつ。

繰り返しになるが、投票結果のうち賛否のいずれかが一定の割合（たとえば三分の一や四分の一）を超えていた場合に、議会・首長・住民がこれを尊重しなければならないとする、我孫子市のような制度は大いに参考になる。これならば、一方の陣営の投票が一定の割合を超えてしまう可能性を考え、他方の陣営は熱心に自分たちの主張を住民に広げようとするだろう。これは結果として住民の情報獲得と議論を促すことにつながるはずである。

審議会のメンバー選びをルール化する

提案を続けよう。二つ目は、審議会などの諮問機関の改革、そしてその発展形態としての、ファシリテーター付き、住民・行政共同参加ワークショップの提案である。

諮問機関とは、国や地方自治体の行政機関がその意思決定に際し、専門家を集めて特定の事項を調査、審議してもらう機関である。そのうち、法令によって設置されるものを

「審議会等」と呼び、法令に基づかないものを「私的諮問機関」と呼ぶ。諮問機関は政策決定に深く関わり、それに対して大きな影響力をもつ、極めて重要な機関である。この制度は、極めて専門的な知識が必要とされ、代議士だけでは決定できない事項について、専門家の意見を参考にするために作られたものであり、その意味では本書の言う強化パーツの一つとして位置づけることができる。

ところが問題は、これが民主主義を補強するものでなく、行政による政策決定の独占という事態を強化するものになってしまっていることである。

しばしば指摘されることだが、審議会はそのメンバーの顔を見ただけで結論が分かってしまうと言われる。役人の人脈で委員が決定されることが多く、また人選も官庁の裁量に任されているため、あらかじめ決まっている政策にお墨付きを与えたり、「審議しました」と言い訳をするための制度に成り下がってしまっている。この手法は二〇〇〇年代初頭、小泉純一郎氏が首相の際、多く用いられた。与党の見解に近い委員を集めて審議会を構成し、それによって政権に都合のよい政策を審議会の中で事実上決定してしまうというやり方である。

また意思決定によって実際に影響を受ける人々が参加できているかという問題もある。

これは国ではなくて地方の例だが、保育園の民営化が議題の一つになっている審議会であるのに、そのメンバーが消防署や警察署の署長などによって構成されており、保育関係者が参加していないという例を目にしたことがある。特に地方の場合は、審議会の委員が名誉職になっている例があり、審議会制度が強化パーツとして有効に機能していない。

これはありきたりの提案であるが、やはり審議会制度が有効に機能するよう、改革が必要である。そのためにはまず人選について、論点を巡って意見が異なる専門家を必ず同数配置するなどのルール作りが必要である。また選挙の際、与党になる可能性のある政党は「この論点についてはこのメンバーで審議会を構成する」など、あらかじめ細かな情報提供をしていくことも求められるだろう。

情報公開と情報化の進展によって、諮問機関の制度は多少なりとも改善されてきているところはある。情報公開が原則となっている今、議論の内容は概ねＰＤＦファイルでダウンロードできるようになっている。審議会の議論など素人が見てもちんぷんかんぷんな場合も多いが、識者たちがインターネット上で議論の問題点を指摘し、それがすばやく拡散されるということも珍しくない。そうした事態は報道にも影響を与えるから、これは諮問機関で議論されている内容に外部の人間がある程度影響力を行使できるようになってきていることを意味するだろう。

だが、やはり諮問機関のメンバーの構成が最も重要であることに変わりはない。メンバー選びをルール化するのが難しいことは理解できるが、この点について世論が高まることを期待したい。

対話や議論は自然には生まれない

続いて、諮問機関の発展形態としての、行政・住民参加型のワークショップについて検討しよう。これは国政レベルでは実現が難しいかもしれないが、自治体レベルでは多くの実施例があるものだ。ここで重要なのは、単に行政と住民の双方が参加するというだけではなく、そこにファシリテーターなる人物を置くという点である。

しばしば「住民参加」や「住民自治」の必要性が説かれる。それを否定する人は珍しいだろう。だが、実際にどうやって住民が参加し、自治を担うのか？　それについてはイメージが湧かない人が多いに違いない。筆者にしてもそうである。「この論点についてみんなで話し合おう」と言って人がただ集まっても、結局は多数決に頼るしかない。「これでは議会と同じではないか」ということになれば、そうした集まりには次第に人は来なくなるだろう。

「住民参加」や「住民自治」を実現していく上で、おそらく最初に認めなければならない事実とは、対話や議論は自然に生まれたりはしないということである。あるいは、対話や議論が自然発生するとは限らないと言ってもよい。対話や議論が生まれなければ、最初にもっていた意見がそのまま維持されるから、意見の違いや対立はなくならない。

近代は何につけても「自由な主体」というものを想定する。だから自由な主体が集まって自由に議論すれば、それなりによい結果が生まれると考えてしまう。しかし、議論だろうが対話だろうが、常に何らかの様式に従っている。実は自然に行われている議論や対話などない。私たちが日常的に行う対話も一定の様式をもっている。よく会う親しい友人とは話題の奥深くまで話すが、たまに顔を合わせるだけの人とは当たり障りのない話に留める。先輩や上司と話す時にはズバズバと切り込まない。一定の様式に従うから話が有意義に進むのである。

ならば、行政と住民の双方が参加する舵取りの難しい議論には、それ専門の様式がなければならないし、それをうまく調整する役割を果たす人が必要だろう。その役割を果たす人を「ファシリテーター」という。これは、「容易にする」とか「促進する」とかいった意味をもつ「ファシリテート」から来た言葉である。

ファシリテーターは議会における議長ではない。議会における議長は「自由な主体」を前提にしている。それに対しファシリテーターは「自由な主体」を前提にしない。むしろ皆が議論において不自由であるという前提に立ち、議論を容易にし、促進するための様式を用意し、場を企画・運営していく。おそらく、行政と住民の対話とか議論といったものが、単なる「説明会」か糾弾大会になる他なかったのは、ファシリテーターのような役割がそこに必要であるという事実が見落とされていたからである。

ファシリテーターの導入は別に全く新しい試みではない。たとえば人が集まって話し合う際には司会がいる。司会は単に議事を進行するだけではなく、途中で意見をまとめたり、問いかけによって意見を引き出したりする。これはファシリテーターの役割を担っていることになる。本書が提案したいのは、ファシリテーションを専門に行っている人がいるから、そうした専門家を住民参加・住民自治のために活用したらよいというものだ。

ここではコミュニティデザイナーとして現在注目を集める山崎亮さんと、山崎さんが経営するstudio-Lの活動を紹介しよう。主に、山崎さんの著書『コミュニティデザインの時代――自分たちで「まち」をつくる』（中公新書、二〇一二年）を参考に話を進めていきたい。[*8]

住民参加ワークショップにおけるファシリテーターの役割

山崎さんとstudio-Lは、住民参加のワークショップを活用しながら、兵庫県三田市「有馬富士公園」、鹿児島県鹿児島市「マルヤガーデンズ」、大阪府大阪市「北加賀屋クリエイティブファーム」、兵庫県姫路市「いえしまプロジェクト」、島根県海士町「海士町プロジェクト」、佐賀県佐賀市「佐賀まちなかプロジェクト」など数々の公的プロジェクトを実現してきた（これらは実現例のほんの一部）。

とはいえ山崎さんはもともと建築家志望で（今も建築家なのかもしれないが……）、建築や芸術というのは一人の頭の中でなければうまくバランスしないものだと考えていたという。自分一人の頭の中で形を決めて「どうだ！」と提示したい山崎さんにとって、「住民参加による設計」などうさんくさいものでしかなかった。

ところが、不幸なことに（!?）、山崎さんが就職した設計事務所は率先してワークショップを開催する事務所だった。山崎さんは最初、それを回りくどいと感じていた。ところが、何度かワークショップを体験するうちに、話し合いの場がうまくデザインできれば、空間のデザインに反映できる有意義なネタが得られることに気づいていく。「本に載っているようなワークショップの方法をマネしているうちはほとんどオリジナルな意見やアイディアが出てこないのだが、プロジェクトごとにほしい情報に合わせてワークショップをデザインすれば、驚くほど貴重な意見や情報を得ることができる」（七六頁）と気づいたのである。

本で紹介されている宮崎県延岡市の駅前広場リニューアルプロジェクトの例は大変興味深い。山崎さんはワークショップを開いて、地元住民の参加者の意見をまとめながらこの再開発プロジェクトを進めている。その際、駅舎と駅前広場の実際の設計を行う建築家の乾久美子さんに、山崎さんは二つのことをお願いしたという。

（1）ワークショップに集まっているコミュニティから提案された活動が一つ残らず実現できる空間を提案してほしい。

（2）ワークショップに来られなかった人たちの駅前利用を想定しながら設計を進めてほしい。

ワークショップに参加する人の意見はもちろん大切である。だが、誰もがワークショップに参加するわけではない。だから、ＪＲはもちろん、バスやタクシーなどの交通事業者、市役所、近隣商店街、自治会などの意見も聞き、「ワークショップ参加者のためだけのデザイン」にならないようにする。そうして「複雑なパズル」を解きつつ、デザインを検討する。デザイン自体について話し合うこともあれば、施設の色や形は専門家に任せましょうとすることもあるそうだ。この延岡のプロジェクトでは、デザインそのものは乾さんに任せるやり方をとっている。

その結果、「複雑なパズル」を何とか解いた乾さんのデザインがワークショップで提示されると、参加者は満場一致でデザインを受け入れた。うまくファシリテーションしながらワークショップを重ねていくと、参加者は「これは自分が出したアイディアだ」と感じるようになるという。実際そうなのである。何が必要か、どこまでできるか、それについて皆でうまくアイディアを出していければ、そうしたことが可能である。そしてそれを可能にするためには、自然に議論や対話が起こるのを待つのではない、ワークショップのファシリテーションが必要なのだ。

山崎さんは、ファシリテーションの教科書を作るのは難しいと何度も強調している。*9 たとえば、デザイナー側の性格によってやり方は変わる。もちろん、参加者によってファシリテーションはやり方を変えないといけない。また、都市部と農村部でもやり方が違う。若い人と高齢者でも違う。人数によってもプログラムを変えないといけない。だから山崎さんはその場を見て当日に詳細を決めるという。参加者に応じてやり方を変えたいからである。

そのためには常に何通りものアイスブレイク（話し合いの冒頭で行われる参加者同士の抵抗感をなくすための雰囲気づくり）やワークショップの方法を頭に入れておかねばならない。「今日はこういう人が多いからアイスブレイクはネームトス（ボールを使って参加者の名前を覚えるゲーム）から行こう。身軽な人が多いからワーク部分はワールドカフェ（カフェにいるかのようにオープンに会話し、自由にネットワークを築く話し合いの手法）で進めよう」とか、「今日は3回目だからビジョンを共有するためのバックキャスティング（目標を定めて将来を予測すること）でアクションプランについて話し合おう」など、その場でアイスブレイクやワークの内容を決めたり変えたりすることが多い（一七九〜一八〇頁）。

つまり、法規等のルールに則って「このやり方でやれば文句はありませんね」という仕方で物事を進めていくのではなく、その場に現実にある条件に合わせてやり方を決めていく。これはある意味で行政が最も苦手とするものであろう。しかし、それを行政がやる必要はない。山崎さんのような専門家がそれを担えばよいのである。

「愛嬌のある体型の人が有利」

山崎さんは教科書化するのは難しいと前置きした上で、ワークショップのファシリテーションの概要を説明している。大雑把に見ていこう。それは次の四段階からなる。

第一段階はヒアリングである。その地域で活動している人の話を聞きに行く。地域の情報を調べ、地域の人間関係を把握し、現地を歩いてまわる。これによって、やるべきこと、そしてプロジェクトのいくつかの案が見えてくる。山崎さんはおもしろいことを言っている。ヒアリング時期にはその地域のことをたくさん調べるわけだが、調べすぎるのもよくないという。知ったかぶりしていると、相手から話を聞き出せないからである。「お前、そんなことも知らんのか」と言われて「スミマセン、それなんですか？」と聞き返すぐらいの方が相手は話しやすいこともある。ファシリテーターはそうした人間関係の機微にも注意を払うことができなければいけない。

山崎さんはもっとおもしろいことも言っている。彼はあちこちで仕事をするから、あちこちで当地の食事を紹介され、あちこちで美味しいものを出されるという。それらを全部食べる。すると当然太る。山崎さんによれば、この体型もコミュニティデザイナーにとっては悪くない。みんなの話を引き出し、まとめ、活動するには、「少々愛嬌がある体型の方が有利」だという。

笑ってしまうような話だが、こうしたことが日常生活ではしばしば起こることは誰でも知っている。だが同時に、公にはそういう視点をもつべきではないと考えてしまう。それに対しファシリテーターは、「どうすべきか」からではなくて、「実際にどうであるか」から始める。もちろんファシリテーターは小太りであるべきだということではない！　山崎さんの場合には少しぽっちゃりしている方が地域に受け入れてもらいやすいという感触が得られたということだ。ファシリテーターは、自分の特性、地域の特性、その場の特性が実際にどうであるのかを出発点にして考える。この発想の転換こそが、対話や議論を作り出すのである。

こうしてヒアリングを続けると、その地域でどんなことをすればいいのかが少しずつ見えてくる。一つに絞れないまでも、いくつかのプロジェクトが浮かんでくる。仮説的なプロジェクトが思い浮かんだところで、次の段階に進む。

「これは自分のアイディアだ」と思えるプロジェクト

第二段階はワークショップである。参加者を公募し、皆でプロジェクトを練り上げていく。ただしポイントは、デザイナーがある程度の、そして複数の仮説的プロジェクトを抱いているという点、そして、そうした仮説的プロジェクトを参加者にそのままでは伝えないということである。これまで専門家というのは、地元に住む人よりもその分野について詳しくて、それを住民に教えたり、空間を作ってあげたりする人のことを指した。ところが、そうやって解決策を専門家が持ち込むと、地元の人はどんどん「お客さん化」してしまう。「地元で生活する人たち自身が発案し、それを組み立て、自分たちができる範囲でプロジェクトを立ち上げる。立ち上げたプロジェクトを磨き上げ、さらにできることを増やしていく。仲間も増やしていく。こうしたプロセスこそが大切なのである」（一八六頁）。

ワークショップでは、ブレーンストーミング、ＫＪ法、ワールドカフェ、マインドマップ、シナリオプランニング、バックキャスティング、プロトタイピングなど様々な手法が、その場に応じて用いられる。

とはいえ、毎回オリジナルなルール作りをするのがほとんどだという。そして、提示すべき局面があれば、最初にあった仮説的なプロジェクトを提示する。もちろん、仮説的プロジェクトは、複数あるし、ワークショップで出されるアイディアを通じて修正され、発展していく。山崎さんによれば、参加者が「これは自分のアイディアだ」と思えるようなプロジェクトを提示できるかどうかが腕の見せどころである。仮説的プロジェクトを成長させ、「そう、それが自分が言いたかったことだ」と思わせられるものにまで仕上げ、それを適切なタイミングで参加者に提示するわけである。

プロジェクトが決まってきたら、今度は、誰がプロジェクトのどこを担当するかを決めるチームビルディングが第三段階として行われる。チームの組み方も大切である。チームの作業が進まなかったり、進みすぎたりしないように、初動条件をある程度揃えることが必要だし、またチーム内の役割分担にも気を配る。まさにここでも、「誰もが平等に」などという「べき」論ではなくて、実際にここにいる参加者の一人一人がどういった特性をもっているかを考えるのだ。

最終段階では、そのチームの活動の支援が行われる。ここにもやり方があり、チームが停滞したからといってすぐには手伝わない。そうすると誰も助けてくれないことを理解したメンバー自身が自分たちの力で人間関係を修復し始める。もちろん手助けに入ることもあるそうだが、もう本当にダメそうだと思えるところまで放置しておく覚悟が必要だという。

実際には、山崎さんたちが関わったプロジェクトでチームが消えてなくなったことは一度もなく、またそうした危機を乗り越えたチームほど驚くべき活動をするという。こうして活動を続けながら、参加者が「これは自分が出したアイディアだ」と思えるプロジェクトを実現していくのである。

わざとらしさを避けないということ

ワークショップのファシリテーションから学ぶべきは、わ、ざ、と、ら、し、さ、を避け、な、い、ということだろう。「住民参加」というとどうも自然発生的なものを想像しがちである。しかし、それは決して自然発生しない。それは誰もがよく知っていることだ。しかし、だからといって「上」から指導するとか、「お上」が住民に代わって何でも決めるというのではダメである。むしろ、何かが生まれる場を作り出すこと、自然発生する場を人工的に設け、運営していくことが大切なのだ。活動を容易にし、促進するファシリテーションという発想が重要であるのはそのためである。そして、そのための手法はいくつも開発されているし、その経験を持つ人たちが増えつつあるし、そして何より、それによって住民参加の行政プロジェクトがいくつも実現している。

ワークショップについての提案

ファシリテーター付きのワークショップは、住民参加の具体的な像を与えてくれる。この制度についての本書の提案は次のようなものである。

一つ目は、行政が何かを行う場合には、常にどこかのファシリテーターに依頼して行政と住民の間を取りもってもらうようにすること。これが常識化し、「うちの事務所にはこんな実績があります」という形で売り込みをしてくる事務所が現れるぐらいになればいい。そのためには、そうした役割を受け持つ人がいなければ議論や対話を通じて具体的なプロジェクトが立ち上がることなどないという当たり前のことが、常識として共有されねばならない。

二つ目は、行政でも住民でもない第三者機関として、ファシリテーターを派遣する機関を位置づけ、また、そうした機関が広まるようにすること。この機関は「社会的企業」という意味での私企業でもよいし、ＮＰＯでもいいかもしれない。いずれにせよ、第三者機関であることが大切だ。

山崎さんが言うようにファシリテーションの教科書を作ることは難しい。ファシリテーションは〝名人芸〟的な要素を含んでおり、勉強すれば誰でもできるというものではない。だから、第三者機関といっても、法律で規定して制度を硬直化してしまうと、そもそも望んでいたものから遠ざかってしまう可能性もある。そのあたりは試行錯誤していくしかないだろう。

なお、このやり方は行政にとっても非常に有益であることを強調しておきたい。行政が考えることが何でもかんでもおかしいはずがない。何か事を進めるにあたって、行政には行政の側で主張したい、主張すべきことがあるはずだ。ワークショップは、それを住民にきちんと理解してもらうための機会にもなる。もちろん住民の意見は最大限尊重されねばならない。とにかく、あらゆる関係者にヒアリングしてから始めるのがこの手法の特徴である。また、行政にとっては、これまでのように憎まれ役を引き受けなくてよくなるという利点もある。行政にしても、ごり押ししか知らないからごり押ししてしまうのである。

ファシリテーターを通じた住民と行政の共同参加のプロジェクトが広まっていくことを期待したい。もちろん、ファシリテーターが無能だったからうまくいかなかったというプロジェクトも出てくるだろう。だが、そうしたことの積み重ねの中から、新しい政治と行政のあり方が生まれてくるのではないだろうか。

また、最初に述べた通り、このモデルはそのまま国政にもっていくのは難しいだろうが、何らかのヒントにはなるはずだ。利害関係者と国政の間で議論することはとても難しい。しかし、それは議論が自然発生するものだと決めてかかっているからである。わざとらしさを避けないこと。それによって可能になる国政レベルでの議論がありうるはずである。

パブリック・コメントの有効活用

次に、短くなるがパブリック・コメントの制度について述べておきたい。現在、国政でも地方行政でも、何か新しい事業を始めるにあたって、しばしばパブリック・コメントが集められる。これは一般から自由に意見を募って行政活動に活かそうという試みである。こうした試みが当たり前になってきた事実は重要である。行政の側に国民・住民の意見を曲がりなりにも聞かねばならないという強制力が働きつつあることを意味しているからである。

だが、よく知られているように、パブリック・コメントにはほとんど意味がない。

パーセントのコメントが反対でも、その案が通ってしまう場合がある。

たとえば最近の例では、関越自動車道の高架下の「有効活用」として東京都練馬区が進める高齢者施設の計画を巡り、パブリック・コメントのほとんどはこれに反対であったにもかかわらず、区がそれを全く無視して計画を進めようとしていることが明るみにでて問題になった。*10 住民は騒音や地震時の安全などを考えると高齢者が使うにはふさわしくないとしてこれに反対しているが、練馬区は計画ありきの態度を続けている。こうした場合、パブリック・コメントは「意見は聞いた」という単なるアリバイ作りになってしまっている。

実際のところ、パブリック・コメントを有効活用するのは非常に難しい。投票ではないので、なかなか正統性をもたせられないからである。だが、ほとんどの意見が反対であるのにこれを無視するなどということは許されないだろう。反対意見が一定の割合を超えた場合には、その論点を巡る対話の場を用意するなど、何らかの客観的基準を設ける必要があるように思われる。

だが、やはりパブリック・コメントで反対意見が多数派になる前に、住民と行政の間で対話と議論の場が設けられねばならない。もちろん、パブリック・コメントを通じてその必要を感じた行政がワークショップ開催を決めるということがあってもいい。パブリック・コメントの問題は近年広く認識されつつある。行政には、ぜひこの制度の有効活用を考えていってもらいたい。

それぞれの争点に合った制度を

先に述べた通り、以上の提案はもちろん「これだけで十分だ」と言えるものではない。更に様々な制度が考案されていかねばならない。また政策決定の仕組みの多元化を目指すこれらの提案は、必ず利用しなければならないものでもない。

争点にはそれぞれ性格があり、たとえば住民投票が向いているものもあれば、そうでないものもある。中には役所が決めた方がよいものもあるかもしれない。争点ごとに、その性格を勘案して、どの決定の仕方が向いているのかが考えられるべきである。たとえば、住民投票の請求があり、相当な数の署名が集まっているのなら、その争点は住民投票に向いている可能性が高いと考えるべきである。

お墨付きを与えるという重要な機能

最後に、この一元的／多元的決定の観点から、現在の議会制民主主義において最も支配的な制度である議会制度について改めて述べておきたい。

何度も繰り返し説明してきているように、本書は議会制度を否定しない。そもそも議会制度を否定するという発想こそが、議会制民主主義の改革を阻んできた。なぜならその発想は、議会によって政治が一元的に決定されているという考えの枠組みにどっぷりつかっているからである。それに、議会制度を否定したり、根本から作り替えるなど、空想家の妄想でしかありえない。現在の政治制度のど真ん中にあるものを簡単に作り替えることなどできないのである。

議会はしかし、根本から作り替えるのが難しいという理由だけでなく、別の積極的な理由からもその維持が重要であるように思われる。

議会は確かに議論などしていない。ここまで繰り返してきたように、諸々の具体的政策に関わる決定は議会の外、主として行政過程においてなされている。議会はほとんどの場合、行政において決定された事項にお墨付きを与えているに過ぎない。だが、ここに議会の極めて重要な機能がある。他ならぬお墨付きを与える機能、すなわち、決定に正統性を与える機能である。

決を採ります。今この瞬間に決定が下されました。これは決定された事項です。これ以降、この事項は然るべき手順を踏まない限り覆せません……。こうした決定の儀式を行うのが議会の大切な役割である。この儀式がなければ、いつ決定が下されたのか、本当に決定が下されたのかも分からない。そうすると、「こちらが正統な決定事項だ」「いや、違う、そんなことは決めてない。こちらだ」ということになってしまう。これは少々大げさに言えば、内戦まで引き起こしうる対立を生む。

細心の注意を要する政治上の決定

政治における決定とは非常にデリケートなものである。手順を間違えたり、誤ったりすると取り返しのつかないことになる。

少し話はずれてしまうが、選挙結果の決定について考えてみよう。選挙で不正の疑いが生じると、それが招いた混乱を収拾することは本当に難しい。負けた陣営は不正を訴える。それが認められたとして、やり直し選挙が行われることになると、今度は先に勝った陣営が「なぜ一度選挙をしたのにもう一度するのか、こんな選挙は認めない」と訴えることになる。

その後、考えられるシナリオは三つだ。

まずは、先に勝った陣営が選挙をボイコットする場合。ボイコットするのだから当然負ける。そして負けたことを認めないから、選挙結果が確定しない。

二つ目は、先に勝った陣営が選挙に参加し、そして負ける場合。当然、結果が出た後から、「おかしいじゃないか、この前の選挙では勝っていたのに今回負けるなんて、今度は別の不正があったのではないか。こんな選挙は認めない」となる。混乱は続く。

三つ目は、先に勝った陣営が選挙に参加し、そして勝つ場合。これが最も収拾しやすい。しかし、不正が疑われたのは先の選挙結果が疑わしかったからであろう。したがって二度負けた陣営は納得しないに違いない。

同じような事態は様々な政治的決定について起こりうる。だからこそ、然るべき手順を経て、決定に正統性を付与することは極めて重大なことなのである。

もしも議会に行ったことのない人がいたら、一度傍聴に行ってみるとよい。先に「決定の儀式」と書いたが、議会で行われるのは本当に儀式である。たとえば議長が「これこれを特別委員会に付託したいと思いますが、よろしいでしょうか」と言うと、間髪を入れずに一同が「異議なし！」と言う。間髪入れずに言えるのは、そうすることがあらかじめ決まっているからである。こうしたことを繰り返している。

閉会時にはハンマー（ガヴェルと呼ぶ）のトントンという音が議会に鳴り響く。別にトントンという音には意味はない。形式であり、儀式である。しかし、ここまでが正式な議事であり、それはここで終了するのだから、これ以降にこの場で何かが決められてもそれは正式な決定ではないということを示すために、そうした儀式が必要なのである。

もちろん、儀式だからといってバカにしたいのではない。こういう儀式性こそが決定に正統性を与えるのだ。とはいえ、議会の儀式性はどこか宗教的なものを思わせずにはおかない。人類はかつて宗教的な儀式によっていろいろな物事を決定してきた。人類にはやはり、儀式というものを完全に払い除けるのは難しいのかもしれない。いずれにせよ、現行の制度では、そうした儀式を経ているからこそ、決定に正統の証しが付与される。

本書は複数の制度を議会制民主主義に補強パーツとして付加していくことを提案している。だが、どんなに制度が充実していっても、「今この瞬間に決まりました」というお墨付きは、議会が与えなければならないだろう。たとえば住民投票に法的拘束力が付与されたとしても、その結果は議会に報告され、議会でそのようなものとして認められねばならない（もちろん、法的拘束力があるのだから、斥けたりはできないが）。

これは様々な複数の制度によって決められたことに、議会がお墨付きを与えるということだ。そして、お墨付きを与えるという機能の担い手として議会は重要なのであり、どんなに議会制度に問題があろうとも、これを根本から改変したり、取り除いたりといったことを構想するのは、空想の域を出ないのである。

第五章 来るべき民主主義

——ジャック・デリダの言葉

「民主的でない」ことと「民主主義がない」こと

ここまで、小平の住民投票の事例を出発点としながら、近代政治理論の問題点を指摘するとともに、それをどのような発想で補っていけばよいか、また具体的にはどのような制度が考えられるかを見てきた。最後に改めて「民主主義」について考えてみたいと思う。といっても、民主主義とは何かを問うたり、民主主義を定義したりするのではない。「民主主義」というこの何ものかをどうとらえるべきかについて考えたいのである。

どういうことか説明しよう。少々ややこしい言葉遣いの問題である。

私たちはしばしば「この政治のやり方は民主的ではない」とか「今の社会は民主的ではない」と言う。「民主的」という形容詞[*1]が用いられる時には、「民衆による支配」という民主主義の定義がぼんやりとイメージされつつ、政治のやり方や社会が自分たちの手元から見てどれだけ近くにあるかが判断されている。「民主的ではない」という判断は、その対象が民衆の手元から相当程度離れてしまっていることを言わんとしている。要するに、社会や政治が時の権力者などによって支配されていて、民衆に為す術がないときにこのような言い方が用いられる。「民主的」という形容詞は、したがって、自分たちの手元から見て、判断を下す際に用いられる言葉である。

それに対し、「この国には民主主義がない」とか「民主主義を実現しなければならない」などと言われることもある。この場合には「民主主義」という名詞は、ある実体としてイメージされ、前提されている。何か到達点としての民主主義が既に明確に存在しており、その到達点にすぐにでも到着しなければならないのに、それがなされていないということである。つまり、「民主主義」という名詞が用いられる場合には、手元からではなく、どこか遠いところから判断が下されている。到達点の理想状態に視点が置かれているのだ。

以上の簡単な分析から分かるのは、「この国は民主的ではない」という言明と、「この国には民主主義が欠けている（だから民主主義を実現しなければならない）」という言明は、同じようなことを述べているように見えて、実は全く異なる視点から、全く異なることを述べているということである。前者は手元から判断が下されている。後者はどこか遠いところから判断が下されている。前者は実感から出発していて、後者は概念から出発していると言ってもよいだろう。

「実感」から離れてはいけない

実感は自然と出てくるものである。そしてこのような感覚は、現実を批判的に検討する際の出発点になる、とても大切なきっかけである。この感覚は何としてでも守り抜かねばならない。そこに民主的でない何かがあるのであり、それは人に不満を与えたり、人を不幸にしたりするのだから。

ところが、そうした実感が時折、概念を経由することによって手元から離れていってしまうことがある。「民主的でない」という実感や感覚が、「民主主義」という概念を経由して変貌し、何らかの実体を求める要求になってしまうことがあるのだ。

「民主主義が欠けている」とか「民主主義を実現しなければならない」という言明は、「民主主義」という名詞を用いている以上、到達点としての民主主義の実体を前提している。だが、その実体はいったい何を指しているのだろうか？　そもそも民主主義に実体はあるのだろうか？　それはあらかじめ明確に定義できるような政治体制なのだろうか？　これこれこういう条件が揃えば民主主義ですよ、と、そんな風に語ることは可能なのだろうか？　民主主義という到達点を、あらかじめ存在するものとして設定することは可能なのだろうか？

「こういう政治体制が民主主義である」という明確な定義をもっている人もいるのかもしれない。しかし、議会制民主主義が達成されても社会はまだまだ十分に民主的ではないのだから（これこそが本書が主張してきたことである）、そのような明確な定義をもつことは非常に難しいと言わねばならない。民主主義の完成した姿を描くことは、独断的であることを避けられないだろう。

ならば、民主主義の完成した姿を描くことはできないのに、民主主義を実体として要求することはどういう事態を生み出すだろうか？

一方で、民主主義が何なのかは分からず延々と要求だけを繰り返すということが考えられるだろう。たとえばそのような思いを共有している仲間たちと「民主主義を実現しよう！」と言い合っているという事態である。

他方で、実体の中味が空っぽであることに耐えられない人たちが出てくることが予想できる。そうした人たちは自分では民主主義の完成した姿を思い描けはしないのだが、完成した姿がほしくてたまらない。すると、誰か他の人が作った完成像にすがることになる。もちろん、そのような完成像は独断的であろう。

感覚的判断（「民主的ではない」）から、概念的判断（「民主主義が欠けている、だから民主主義を実現しなければならない」）への移行はこのような大きな問題を引き起こす場合がある。手元にあった判断がどこか遠くに持ち去られる時、大きな過ちが犯される可能性があるのだ。

「こんな社会はおかしい」という感覚を抱き、この社会を何とかしようと思い立つ人は少なからずいる。しかし、その人がふと気がつくと、特定の概念のために奉仕するだけになっていることがありうる。しかもその概念が実現された時、その人が最初に抱いた感覚とは全く異なるものが姿を現すことがしばしば起こる。革命運動ではそうしたことが何度も繰り返されてきた。

民主主義は実現されてしまってはならない

だから私たちは「民主主義」というこの何ものかをどうとらえるべきかについて考えておくべきである。そして、既にこの問題を徹底して考えた哲学者がいる。二〇世紀フランスの哲学者ジャック・デリダがその人だ。

デリダは「脱構築」と呼ばれる一種の手法によって哲学を刷新した哲学者である。伝統的な哲学研究にとどまらない、一種の文学とも言いうる著作を残した。すぐれた哲学者故の鋭い政治的センスをもち、一貫して批判的な発言を続けた。特に晩年は政治について積極的に論じ、死の直前まで続けられた講義では死刑の問題を扱っていた。

ここで紹介したいのは、その晩年のデリダが用いていた「来るべき民主主義」という表現である。フランス語では démocratie à venir で、英語に訳すと democracy to come になる。デリダは民主主義を考えるにあたって、この「来るべき民主主義」という考え方が大切だと主張していた。

この表現を理解する上でのポイントは、そこに二つの意味が重ね合わされていることである。

まず一方でデリダは、民主主義というのは「常に来るべきものにとどまる」と述べている。[*2]つまり常に実現の手前にあり、十分ではないものであり続けるということである。もっと強く言えば、民主主義は常に来るべきものにとどまるのだから、実現されてしまってはならないと言ってもよい。どういうことだろうか？

民主主義とは「民衆による支配」を意味する。誰もが民衆なのだから、民衆による支配とは、自分たちが全員で自分たち全員のことを支配するということだ。しかし、そうしたことは可能だろうか？　たとえば人は自分で自分を支配することもできない。常に思い通りにはならないし、ふと気がつくと思いも寄らなかったことをしでかしていることなど日常茶飯事だ。そんな人間たちが集まって、自分たちで自分たちのことを完全に支配するなどおそらくどんな制度によっても不可能である。

つまり、民主主義が完全に実現した姿を想像することはできない。したがって、もしも誰か——たとえば権力者が——「我が国では民主主義が完全に実現されている」などと口にすることがあったら、それは絶対に嘘である。民主主義は必ず何らかの「失敗」を伴う。また民主主義の理念と現実の間には必ず「懸隔」がある。

デリダはこう言っている。「この失敗と懸隔はまた〔……〕あらゆる民主主義——西洋的と呼ばれる民主主義の中で最も古く、最も安定したものも含めたあらゆる民主主義——を特徴づけるものである」[*3]。どんな民主主義もこの「失敗」や「懸隔」を免れない。だから、この「失敗」や「懸隔」を完全に取り除こうとすること、この「失敗」や「懸隔」が全く存在しないような民主主義を——たとえば革命によって——実現しようとすることは、実は民主主義を実現するように見えて、その実、民主主義を破壊することに他ならない。民主主義は常に来るべきものにとどまるのだ[*4]。

民主主義は目指されなければならない

しかし、他方でデリダは、民主主義を来らしめねばならないとも言う。「民主主義なんてどうせ無理だ」という諦念に陥ってはならない。民主主義を捨てるということは、誰か他の人間にすべての決定を委ね、決めてもらい、文句は言わないということである。「そこをどけ」と言われたらどき、「それをよこせ」と言われたら渡す、そういう社会にするということだ。

そして、現在「民主主義」と呼ばれる政治体制の中では、「そこをどけ」と言われたらどかねばならず、「それをよこせ」と言われたら渡さねばならない、そうした事態はまだなくなっていない。そうしたことが平然と行われている。すなわち、「民主主義というこの名に値する民主主義はいまだ存在していない。民主主義が来るべきものにとどまっている」。[*5] 民主主義と呼ぶに足る民主主義は実現されていない。だから民主主義が目指されねばならない。この場合「来るべき民主主義」とは実現を求める命令となる。

デリダの議論は少々込み入っているように思われるかもしれないが、先ほどの「民主主義」という名詞と「民主的」という形容詞から考えれば、実はさほど難しいことではない。我々は確かに「民主主義」という名詞を使うけれども、完成した民主主義の姿を思い描くことはできない。とはいえ、社会はもっと民主的になるべきだし、民主的にしていける。デリダはこの二つの意味を「来るべき民主主義」という一つの表現に込めたのである。「民主主義」という言葉を使う時には、以上の点に留意すべきだと注意を促すために。*6

住民投票とデリダの思想

デリダの議論は研究者たちによってやたらと小難しいものに仕立て上げられている。しかし、「来るべき民主主義」はむしろ極めて常識的な、そして身近な発想に基づいている。これはむしろ、民主主義の実現のために運動し、ものを考えていくならば、自然と心に思い描かれる発想だと言ってもよい。本書がこの「来るべき民主主義」という言葉をタイトルに採用したのも、住民投票から出発した本書の構想が、まさにこのデリダの思想に対応するものになっているからだ。

議会制民主主義、あるいは議会制度には大いに問題がある。だが、だからといってこれを根本から変えなければならないという発想では何もできない。

そもそも議会という立法府の力ですべてが統治できると思っていたことが間違いだったのであり、実際に統治のための多くの決定を下しているのは行政府であるという現実を踏まえて、この現実に対応する策を講じなければならない。その策として本書が提案したのは、議会制度以外の制度を増やし、決定を複数化していくことであった。

本書はこれを、議会制民主主義を根本から変えるのではなくて、議会制民主主義に強化パーツを足して補強していくこと、と表現した。

住民投票制度のような強化パーツが増えていけば、社会はより民主的になっていくだろう。だが、いつかどこかの時点で「民主主義」なるものが達成されるわけではない。民主主義は、常に来るべきものにとどまる。けれども、いまは民主主義の名に値する民主主義は存在していない。だから、民主主義の実現を目指さなければならない。民主主義はいまもなお、来るべきものにとどまっている。

付録1　府中街道および六市の交通量について

既に述べた通り、東京都は府中所沢線が通過する六市（東村山市〜小平市〜国分寺市〜府中市〜多摩市〜町田市）の交通量が平成一七年（二〇〇五年）から平成四二年（二〇三〇年）までの間に二二パーセント増加するという予測を立て、それをもとに都道328号線の小平市部分の必要性を主張している。

図表3は、東京都が作成したパンフレットからの引用である。[*1] ここには確かに、東村山市から町田市までの交通量が二二パーセント増加することが図示されている。どうやら図によれば、平成一一年（一九九九年）から平成一七年までの六年間にその交通量が八パーセント増加してきていることがその根拠のようである。

しかし、人口も車も交通量も減ってきていると言われる時代に、本当にこんなことが起こるのだろうか。

図表3

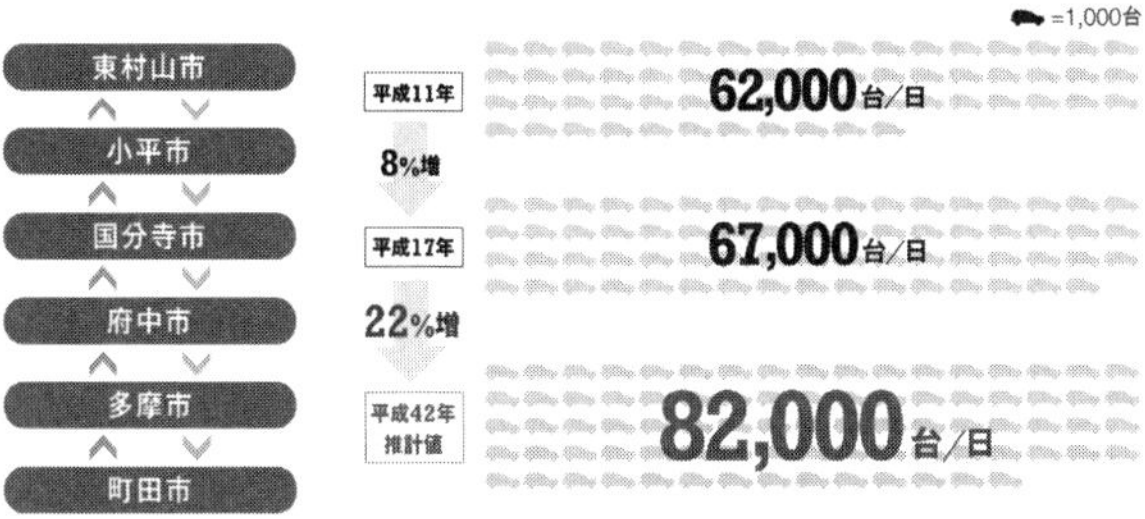

H11道路交通センサス（現況ODデータ）、H17道路交通センサス（現況ODデータ）及びH17道路交通センサスに基づくH42将来ODデータ（「将来交通需要推計手法（道路）」（平成22年11月　国土交通省）による算出）により集計

出典：「道路の整備効果」（東京都、平成23年10月発行）

図表4　平成11年と平成17年の6市間交通台数の変化（市内発着除く）

発＼着	東村山市	小平市	国分寺市	府中市	多摩市	町田市	合計
東村山市		4,885	482	102	−251	0	5,218
小平市	5,630		−1,307	−10	184	1	4,498
国分寺市	796	−2,368		−2,446	−168	170	−4,016
府中市	187	397	−2,022		563	−1,053	−1,928
多摩市	−218	323	467	−304		1,664	1,932
町田市	0	−84	457	−1,080	361		−346
合計	6,395	3,153	−1,923	−3,738	689	782	5,358

この図表はとてもキレイにカラーで作成されているが、わざと曖昧にしている点がある。左には東村山市から町田市までの六市の市名が並べられており、右側には六万二〇〇〇台、六万七〇〇〇台、八万二〇〇〇台と交通量が記してある。だが、右の三つの数字はいったいどこをどのように通る車の数字なのだろうか？　この中には、たとえば、町田市の中だけを走る車の台数は入っているのか？　それとも、東村山市から町田市までの六市をまたがって走る車だけを取り上げているのか？　そもそもの疑問は、なぜそうした説明がこれらの数字に付されていないのかということである。もちろん、わざと書いていないのである。

そうした説明を省略することによって、この図は、まるで東村山市と町田市の間、六市をまたがって走る車が平成一一年から平成一七年までの間に本当に八パーセントも増加したかのような印象を作り出している。なにしろ、六つの市名の間には矢印のようなものが双方向に置かれているのだから。

ここに、曖昧な図と数字を使ったトリックがある。

実際にはどうなのかを見ていこう。

東京都がこのキレイな図表を作るために実際に利用したのは、国交省が行ったＯＤ調査と呼ばれるものに基づくデータである。ＯＤ調査とは、出発地（Origin）と目的地（destination）を把握するための調査である。具体的にはアンケート調査であり、ドライバーに「どこから来たのですか？　どこに行きますか？」と聞き取り調査を行う。上の表を作るにあたって利用された平成一七年のＯＤ調査では、都内の一万四五一五台の自動車運転手に聞き取り調査をしている。

まずＯＤ調査そのものがどれだけの精度をもっているかについて多少の疑問を持たずにはおれない。都内全域の自動車の登録台数は三八九万台である。ＯＤ調査ではその全部に話を聞くわけにはいかない。どうやら予算等の都合により、その一〇分の一に話を聞くこともかなわないようであり、一万台そこそこに話を聞いて、それを拡大することによって全体のデータを得ている。どれだけ正確なデータが得られるのか、疑問なしとは言えない（実は、東京都のある交通量調査の冊子にもそのことが記してある[*2]）。

だが、ここではこの疑問は置いておき、実際の数字の検討に移ろう。

図表4は、平成一一年および平成一七年に行われたＯＤ調査報告から、上記六市のデータを取り出し、その差を計算して表にしたものである（念のため、元になったデータを、出典とともにこの付録1の末尾に［参考資料］として掲載しておくので、もしお時間があ

ればご確認いただければ幸いである。そちらではまた別の観点からも分析を加えている）。

図表4は、平成一一年から平成一七年の間の、東村山から町田までの六市間の交通量（トリップ数）の変化を表している。縦が出発地、横が目的地を示す。数字は平日の昼間一日の交通量である。

たとえば、縦の「発」の欄に国分寺市をとり、横の「着」の欄に小平市をとると、「マイナス二三六八」という数字が書いてある。これは、国分寺市を出て小平市に向かう車の台数は、平成一一年から平成一七年の間に、二三六八台だけ減ったということを意味する。

さて図表4の右下には合計が五三五八と書いてある。東京都作成のキレイな図（図表3）によれば、平成一一年の当該交通量は六万二〇〇〇台、平成一七年のそれは六万七〇〇〇台であり、その差は五〇〇〇。計算はだいたい合う（東京都は端数を切り捨てている）。東京都が図表4に記された数字を使ってあのキレイな図（図表3）を作成したことが分かる。増加分の五〇〇〇台をもとの交通台数六万二〇〇〇台で割ると、〇・〇八〇六……で、だいたい八パーセントとなり、計算間違いもしていない。

しかし問題は、計算間違いをしていないということではなくて、数字の利用の仕方そのものである。

図表4が示しているのは、六市の市境を越えて走った車の台数の増減である。それらを合計することにどんな意味があるのだろうか？　そこではたとえば、町田市から多摩市に行った車の数（南の端の方で行き交う車の量）と、東村山市から小平市に行った車の数（北の端の方で行き交う車の量）が合計されている。それらは別に、六市をまたがって走る車の交通量でもなんでもない。あえてまとめるなら、六市一帯の、市境をまたいで走った車の台数の総計である。

しかも、後出の［参考資料］でも述べるように、図表3の数字には市内交通――たとえば小平市発で小平市着の交通など――がカウントされていない。そして驚くべきことに、これら六市の交通の八割は市内交通である。つまりこれらの数字を合計することには、六市内交通量としての意味もない。東京都が挙げているのは、六市一帯の交通量の総計から、市境をまたいで走った（全体の二割程度の）車の台数だけを取り出すことで得られた、（何の役に立つのか分からない）極めて特殊な数値である。

要するに、図表3は、まるで東村山市から町田市までを行き来する車の交通量が八パーセントも増えたかのような装いを作り出しているが、それは全くの嘘である。

興味深いのは、六市をまたがる東村山市〜町田市の間の交通は、発着ともに増減ゼロになっていることだ。これは数字が全く変化しなかったことを意味するが、どうしてそうなったのだろうか？　平成一一年の調査でも、平成一七年の調査でも、東村山市〜町田市の間の交通は、発着ともにゼロだったからである。後出の［参考資料］を見ていただきたい。東京都は、東村山市〜町田市の間の交通量が今後、平成四二年までに二二パーセント増えると言っているが、その根拠となる調査では、東村山市から町田市に向かう車も、町田市から東村山市に向かう車も、一台も捕捉できなかったのである。しかも、二度やっても、一台も見つからなかったのだ。

更に、増加分の五三五八台にしても、そのほとんどは小平市〜東村山市の間の発着で占められている（東村山市発〜小平市着が四八八五台増、小平市発〜東村山市着が五六三〇台増）。これがどこを走る車かは分からない。OD調査ではそのようなことを調べないからである。小平３２８号線のうちの、青梅街道以北の完成部分を走っているのかもしれない。そこには東村山市と小平市を結ぶ四車線の巨大な道路が含まれている。

さて、府中街道のうち、問題となる部分（３２８号線の小平市内建設予定地の横を平行して走る部分）は、小平市と国分寺市をつないでいる。そして、小平市〜国分寺市の間の交通量は、国分寺市〜府中市の間の交通量とともに減っている。東京都はしばしば３２８

号線の小平市部分建設の理由として府中街道の渋滞を挙げているが、どうやらそれに関わる数値は減少傾向を見せているようだ。

まとめよう。

(1)そもそもOD調査が信頼できるか分からない。

(2)東京都のパンフレットに掲載された表は、当該六市一帯の、各市境をまたいで走った車の交通量を、まるで、六市全体をまたいで走った車の交通量であるかのように示している。

(3)OD調査によれば、東村山市と町田市の間を行き交う交通はない(二度も調査したのにゼロ)。

(4)府中街道の交通量が増えていることがこのデータからは導き出せないどころか、それとは逆の結論を導き出すことも可能である。

*

府中街道をよく知る付近住民は、皆、一九八〇年代には渋滞が酷かったが、最近は解消されてきていると口を揃えて言っている。府中街道を走るバスは、以前は三〇分遅れるのは当たり前だったが、今ではそうではない。これは現地に住んでいればすぐに分かることなのだが、東京都はそれにはもちろん耳を傾けない。

実は、この実感を証明するデータがある。東京都は手元にもちろんこのデータをもっている。しかし、使っていない。

国交省は、数少ないサンプルを拡大して結果を出すOD調査だけでなく、一般交通量調査と呼ばれる調査も行っている。これは街でしばしば見かける、椅子に座った人がカウンターをカチカチやっている、あの調査である。

ちょうど府中街道の問題の部分の交通量を調べた数字がある。

小平市上水本町一丁目二五という観測地点は、雑木林の近く、府中街道沿いにある「ふれあい下水道館」の前にあたる。図表5はその地点の交通量を示したものである。*3 渋滞が問題になるのは昼間なので、昼間一二時間の数字を挙げている（資料には昼夜二四時間の台数も載っているので一部そちらの数値も掲載した）。

府中街道はかつて渋滞が酷かったが、現在はそれが解消されつつあると言った。それが「交通量」の欄に数字として表れている。それによると、八〇年代から上下しつつも上昇

図表5

地点：小平市上水本町1丁目25

（単位：台）

1983 (S58)	1985 (S60)	1988 (S63)	1990 (H2)	1994 (H6)	1997 (H9)	1999 (H11)	2005 (H17)	2010 (H22)
昼間12時間交通量								
12,833	12,956	12,714	12,784	13,427	13,275	13,478	12,307	11,695
24時間交通量								
―	―	―	―	―	―	20,487	18,584	16,841

混雑度：（H17）**1.33**（H22）**1.15**

出典：H17、H22の国土交通省交通センサスより

傾向にあった交通量が、平成一一年を境に大幅に減少している。平成一一年に一万三四七八台だった交通量は、平成一七年には一万二三〇七台に、平成二二年には一万一六九五台に減少し、昭和五八年の一万二八三三台を大きく下回っている。

　府中街道の交通量は減少しつつある。では、このまま いくと、渋滞はいつなくなるのか？　図表5の右下に書いた「混雑度」という数値は、混雑の度合いを表すもので、数値が大きいほど混雑していることを意味する。混雑度が一である状態が、道路の交通容量と実際の交通量が一致している状態、すなわち渋滞がない状態である。

　同地点の混雑度は、平成一七年には一・三三であったが、平成二二年には一・一五に減っている。[*4] 仮に府中街道の混雑度がこのペースで減少していくとすると、

平成二二年の一三年後、つまり平成三五年（二〇二三年）頃には何もしなくても渋滞は解消されることになる。新しい幹線道路など作る必要はない。予定地の横を府中街道という道路が走っており、その道路の渋滞は今まさに解消しつつあるのだ。

［参考資料］

右の本文では話をややこしくしないため、OD調査について、市内発着を表から除いておいた。六市一帯で各市境をまたいで走る車の交通量に話を限定するためである（特定の地域の中で、市と市の境界線を越えて走る車の数だけを総計した数値など何の役にも立たないように思われるが、東京都がそういう数値を利用しているのだから仕方ない）。ここでは、市内発着を含めて、図表4のもとになったデータを掲載する。

あらかじめ述べておくなら、図表を見てすぐに分かるのは、これら六市の交通の八割が市内発着であり、市をまたがる交通は全体の交通の一部に過ぎないということである。

先ほど検討した図表4と、左に掲げる図表6および図表7の関係を説明する。図表4は、図表6と図表7の差から得られたものである。たとえば、国分寺市発で小平市着の数字を例として取り上げてみよう。平成一一年の調査（図表6）でこれに該当するのは五八二二

図表6　平成11年（1999年）実施のOD調査結果（市内発着含む）

平日

発＼着	東村山市	小平市	国分寺市	府中市	多摩市	町田市	合計
東村山市	25,389	3,488	655	453	251	0	30,236
小平市	2,938	32,598	5,428	1,805	217	0	42,986
国分寺市	532	5,822	23,727	6,688	422	83	37,274
府中市	452	1,615	6,436	68,926	5,082	1,721	84,232
多摩市	218	93	90	5,252	61,724	5,116	72,493
町田市	0	85	83	1,686	5,420	161,040	168,314
合計	29,529	43,701	36,419	84,810	73,116	167,960	435,535

出典：「東京都の自動車交通の実態――平成11年度自動車起終点調査より」、東京都建設局道路建設部計画課、平成14年7月発行。
　使用したのは、「東京都OD表（その3）」の「13（平日）」、「14（平日）」、「17（平日）」、「18（平日）」、「19（平日）」である（414～420頁）。

図表7　平成17年（2005年）実施のOD調査結果（市内発着含む）

平日

発＼着	東村山市	小平市	国分寺市	府中市	多摩市	町田市	合計
東村山市	22,989	8,373	1,137	555	0	0	33,054
小平市	8,568	47,653	4,121	1,795	401	1	62,539
国分寺市	1,328	3,454	15,585	4,242	254	253	25,116
府中市	639	2,012	4,414	63,401	5,645	668	76,779
多摩市	0	416	557	4,948	63,751	6,780	76,452
町田市	0	1	540	606	5,781	150,153	157,081
合計	33,524	61,909	26,354	75,547	75,832	157,855	431,021

出典：「東京都の自動車交通の実態――平成17年度自動車起終点調査より」、東京都建設局道路建設部計画課、平成21年2月発行。
　使用したのは、「関東地方整備局関連OD表（その3）」の「13（平日）」、「14（平日）」、「18（平日）」、「19（平日）」である（資料3-316～資料3-322頁）。

台、平成一七年の調査（図表7）でこれに該当するのは三四五四台である。五八二二台から三四五四台を引くと二三六八台であり、つまり、国分寺市発で小平市着の交通量は平成一一年から平成一七年の間に二三六八台減少していることが分かる。この数字が、「マイナス二三六八」として、図表4の国分寺市発小平市着の欄に記してある。図表4はこのように作成したものである。

先に述べた通り、東京都は六市間の交通量の増大を喧伝しているけれども、町田市と東村山市の間を行き来する交通は、平成一一年の調査でも平成一七年の調査でもゼロである。OD調査を二度も行ったのに、六市間をまたがって走る車を一台も捕捉できなかった。

また、この六市の交通はほとんどが市内のものである。これは一目瞭然であり、桁が違う。たとえば平成一七年の表（図表7）によれば、小平市から他市に向かう交通の中で一番多いのが東村山市着の交通で八五六八台とあるが、小平市内（小平市発小平市着）の交通量は四万七六五三台であり、その五倍を超える。

つまり、むしろ必要なのは、六市をまたがる巨大な幹線道路の新設ではなく、市内交通で使われる市道などの整備である。市内を走る車にとって、それこそが最も利用される道路なのだ。

付記。本章の作成にあたり、水口和恵さん、そして「小平都市計画道路に住民の意思を反映させる会」が所蔵していたコピー資料などを提供していただいた。ここに記して感謝したい。なお、図表は著者國分の責任でここに載せるものだが、「反映させる会」で作成したものを元にしている。資料の分析についても、同会にご協力いただいた。心より感謝したい。

付録2　住民の直接請求による住民投票条例年表

（ただし市町村合併関連のものは省く）

議決日	自治体	テーマ	可決○、否決×
1979.2.1	立川市（東京都）	米軍立川基地の跡地利用の是非	×
'83.12.26	大飯町（福井県）	関西電力の原子力発電所設置の是非	×
'83.12.26	本郷町（広島県）	広島空港の建設の是非	×
'84.2.3	今治市（愛媛県）	織田が浜埋め立て港湾の建設の是非	×
'84.4.24	逗子市（神奈川県）	市住民投票条例の制定	×
'85.5.26	高知市（高知県）	競馬場跡地の自然公園化	×
'85.5.28	青森県	核燃料サイクル施設の建設立地	×
'85.7.24	高槻市（大阪府）	教育委員候補者の選定	×
'85.12.21	池田町（岐阜県）	町営有線テレビの設置	×
'86.5.26	富来町（石川県）	北陸電力の原子力発電所建設	×
'86.6.3	紀勢町（三重県）	中部電力の原子力発電所建設及び事前環境調査の是非	×
'86.11.21	石巻市（宮城県）	専修大学の誘致の是非	×
'87.7.15	逗子市（神奈川県）	池子の米軍住宅建設計画	×
'87.8.12	逗子市（神奈川県）	池子の米軍住宅建設計画	×
'88.7.12	米子市（鳥取県）	中海の淡水化の是非	○
住民投票結果　実施されず。			
'88.10.13	逗子市（神奈川県）	池子の緑の保存	×
'88.12.3	北海道	北海道電力の泊原発1号機の運転開始の是非	×
'89.5.10	阿久根市（鹿児島県）	国立病院の存続拡充	×
'90.1.31	徳島市（徳島県）	海洋パーク事業への融資の是非	×
'90.9.17	富岡町（福島県）	東京電力福島第二原発3号機の運転再開の是非	×
'90.9.26	楢葉町（福島県）	東京電力福島第二原発3号機の運転再開の是非	×
'90.12.10	倶知安町（北海道）	一般廃棄物の処理手数料の徴収の是非	×
'91.3.7	芦屋町（福岡県）	海岸埋め立て計画	×
'91.9.4	高富町（岐阜県）	ゴルフ場計画	×
'91.10.11	舟形町（山形県）	町立中学校の統廃合	×
'92.1.22	岐阜市（岐阜県）	長良川河口堰建設の一時中止	×
'92.3.26	太子町（大阪府）	ゴルフ場建設	×
'92.5.2	明宝村（岐阜県）	村の名称変更	×
'92.10.15	千代田区（東京都）	公共施設適正配置構想	×
'93.4.30	平群町（奈良県）	ゴルフ場誘致	×
'93.11.18	茨木市（大阪府）	国際文化公園都市の開発	×
'93.12.6	敦賀市（福井県）	関西電力の原発新設及び増設	×
'94.12.24	六ケ所村（青森県）	高レベル放射性廃棄物の搬入	×

議決日	自治体	テーマ	可決○、否決×
'95.3.16	交野市（大阪府）	第二京阪道路建設方法	×
'95.4.19	鹿児島市（鹿児島県）	高麗橋の撤去	×
'95.6.30	武蔵野市（東京都）	市民参加条例	×
'95.10.3	巻町（新潟県）	原発建設に関する住民投票条例の改変	○
住民投票結果	96 年 8 月 4 日実施。投票率 88.29%（有権者数 2 万 3222 人）反対 1 万 2478 票、賛成 7904 票		
'95.10.13	川崎町（宮城県）	競艇の場外舟券売り場の設置	×
'95.11.10	鹿児島県	西田橋の移設	×
'96.2.6	瑞浪市（岐阜県）	核燃機構（旧動燃）の超深地層研究施設	×
'96.2.27	島根県	中海本庄工区全面干陸など	×
'96.3.18	日高村（高知県）	産業廃棄物処理施設の建設	○
住民投票結果	実施されず。		
'96.5.27	足立区（東京都）	ホテル建設	×
'96.6.17	大田区（東京都）	ビル購入と区役所移転	×
'96.6.21	沖縄県	日米地位協定の見直しおよび米軍基地の整理縮小	○
住民投票結果	96 年 9 月 8 日実施。投票率 59.53%（有権者数 91 万 2492 人）賛成 48 万 2538 票、反対 4 万 6232 票		
'96.9.24	和田村（長野県）	和田中学校の統合	×
'96.10.24	豊岡市（兵庫県）	公立病院の改築位置	×
'96.10.31	彦根市（滋賀県）	国宝風俗画の買い取り	×
'97.1.14	御嵩町（岐阜県）	産業廃棄物処理施設の設置	○
住民投票結果	97 年 6 月 22 日実施。投票率 87.5%（有権者数 1 万 4882 人）反対 1 万 373 票、賛成 2442 票		
'97.3.26	別府市（大分県）	立命館アジア太平洋大学への市有地無償譲渡	×
'97.3.27	常北町（茨城県）	競輪の場外車券売り場設置	×
'97.4.15	鹿島町（福島県）	競輪の場外車券売り場設置	×
'97.4.30	小林市（宮崎県）	産業廃棄物処理施設の設置	○
住民投票結果	97 年 11 月 16 日実施。投票率 75.86%（有権者数 3 万 1530 人 ）反対 1 万 4037 票、賛成 9608 票		
'97.7.25	新富町（宮崎県）	産業廃棄物処理施設の設置	×
'97.10.2	名護市（沖縄県）	米軍のヘリ基地建設	○
住民投票結果	97 年 12 月 21 日実施。投票率 82.45%（有権者数 3 万 8140 人）反対（条件付きも含め）1 万 6639 票、賛成（条件付きを含め）1 万 4267 票		
'97.12.2	富士吉田市（山梨県）	新市立病院の建設	×
'98.1.14	吉永町（岡山県）	産業廃棄物処理施設の設置	○
住民投票結果	98 年 2 月 8 日実施。投票率 91.65%（有権者数 4203 人）反対 3774 票、賛成 68 票		
'98.1.19	日高村（高知県）	産業廃棄物処理施設の設置	×

議決日	自治体	テーマ	可決○、否決×
'98.2.20	佐伯町（岡山県）	下水道汚泥処理施設の設置	×
'98.3.13	大潟村（秋田県）	町営干拓博物館の建設	×
'98.3.20	豊山町（愛知県）	中部新空港への定期便一元化、航空自衛隊小牧基地の機能強化	×
'98.3.23	愛知県	海上の森での万博開催	×
'98.4.16	岡部町（埼玉県）	競艇の場外舟券売り場の設置	×
'98.4.23	美浜町（愛知県）	中部新国際空港の建設	×
'98.4.30	島本町（大阪府）	水道水（地下水に淀川の水を混ぜるか）	×
'98.6.26	米子市（鳥取県）	競馬の場外馬券売り場誘致	×
'98.6.29	富山市（富山県）	桐朋学院の大学院誘致	×
'98.7.17	豊田市（愛知県）	市営のサッカースタジアム	×
'98.10.2	下田市（静岡県）	「開国のまちづくり」（国のリーディングプロジェクト指定）事業	×
'98.11.12	甲賀町（滋賀県）	産業廃棄物処理施設の設置の是非	×
'98.11.18	神戸市（兵庫県）	市営空港の建設の是非	×
'98.11.24	白石市（宮城県）	公立病院の移転新築の是非	×
'99.1.22	串間市（宮崎県）	原発に関する住民投票条例改変	×
'99.2.8	徳島市（徳島県）	吉野川可動堰の建設の是非	×
'99.2.8	名古屋市（愛知県）	藤前干潟の埋め立ての是非	×
'99.2.10	小国町（新潟県）	創価学会の巨大墓地建設の是非	×
'99.2.18	藍住町（徳島県）	吉野川可動堰の建設の是非	×
'99.2.19	角館町（秋田県）	地域情報センターの建設の是非	×
'99.3.4	大山町（富山県）	町議会の議員定数削減	×
'99.3.12	滋賀県	びわこ空港の建設の是非	×
'99.3.23	柏崎市（新潟県）	原発プルサーマル計画の導入の是非	×
'99.3.23	刈羽村（新潟県）	原発プルサーマル計画の導入の是非	×
'99.6.29	大島町（山口県）	町長疑惑問題調査に関する町議会不信任について	×
'99.10.1	遠野市（岩手県）	ホテルと公民館の複合施設建設の是非	×
'99.11.18	豊田町（山口県）	「農業の城公園」の建設の是非	×
'99.12.7	行田市（埼玉県）	展望タワーの建設の是非	×
'99.12.17	鹿児島県	錦江湾の人工島建設の是非	×
2000.1.17	高浜町（福井県）	原発プルサーマル計画の是非	×
'00.1.27	協和町（茨城県）	サッカー場の建設	×
'00.2.2	鹿児島市（鹿児島）	錦江湾の人工島建設	×
'00.4.28	西尾市（愛知県）	第3セクターでのホテル買上げ	×
'00.7.17	愛知県	愛知万博の開催	×
'00.9.11	浜北市（静岡県）	一般廃棄物処理施設の設置	×

議決日	自治体	テーマ	可決○、否決×
'00.12.22	秋田市（秋田県）	秋田中央道路建設	×
'00.12.22	鶴岡市（山形県）	月山ダムからの広域水道受水	×
'01.2.10	渋谷区（東京都）	公園通りの駐車場進入路建設	×
'01.3.2	豊郷町（滋賀県）	小学校の複合化施設建設	×
'01.3.26	名古屋市（愛知県）	愛知万博・中部国際空港	×
'01.4.18	刈羽村（新潟県）	刈羽原発プルサーマル計画の導入	○
住民投票結果	01年5月27日実施、投票率は88.14%（有権者数4090人）反対1925票、賛成1533票		
'01.5.23	高石市（大阪府）	公営保育所の廃止	×
'01.6.19	坂本村（熊本県）	川辺川ダムの建設	×
'01.6.25	姫戸町（熊本県）	県営ダム建設の是非	×
'01.7.16	沖縄市（沖縄県）	泡瀬干潟の埋め立ての是非	×
'01.9.12	静岡県	県営静岡空港建設	×
'01.9.28	人吉市（熊本県）	川辺川ダム建設の是非	×
'01.11.17	門川町（宮崎県）	図書館建設の是非	×
'01.12.1	鷲敷町（徳島県）	役場裏山開発計画の是非	×
'01.12.19	大洲市（愛媛県）	山鳥坂ダム建設の是非	×
'02.2.6	沖縄市（沖縄県）	泡瀬干潟の埋め立ての是非	×
'02.2.19	今津町（滋賀県）	屋根つき運動場の建設の是非	×
'02.3.5	酒田市（山形県）	新市民会館の建設の是非	×
'02.4.12	綾町（宮崎県）	高圧送電線と鉄塔建設の是非	×
'02.6.3	本荘市（秋田県）	国療秋田病院の廃止計画の是非	×
'02.6.27	大東市（大阪府）	公立保育所の民営化の是非	×
'02.12.17	陸前高田市（岩手県）	タラソテラピー施設の建設の是非	×
'02.12.19	池田市（大阪府）	幼稚園の統廃合の是非	×
'03.1.15	日高村（高知県）	産廃施設の建設の是非	○
住民投票結果	03年10月26日実施、投票率は79.80%（有権者数5158人）賛成2466票、反対1621票		
'03.2.27	八千代市（千葉県）	東京女子医大病院の誘致の是非	×
'03.3.27	馬頭町（栃木県）	産業廃棄物処分場の建設の是非	×
'03.6.24	津島町（愛媛県）	特別養護老人ホームの建設地	×
'03.7.10	山武町（千葉県）	町保健福祉施設の建設の是非	×
'03.7.17	松本市（長野県）	新市民会館の建設の是非	×
'03.7.30	大宜味村（沖縄県）	塩屋湾外海埋め立て事業の是非	×
'03.9.10	秋田市（秋田県）	秋田中央道の建設の是非	×
'03.9.11	むつ市（青森県）	使用済み核燃料中間貯蔵施設の誘致	×
'03.9.24	坂戸市（埼玉県）	坂戸ICアクセス道の建設の是非	×
'03.11.27	生駒市（奈良県）	関西文化学術研究都市の住宅地開発の是非	×

<table>
<tr><th>議決日</th><th>自治体</th><th>テーマ</th><th>可決○、否決×</th></tr>
<tr><td>'04.4.27</td><td>筑後市（福岡県）</td><td>九州新幹線「船小屋駅」設置の是非</td><td>×</td></tr>
<tr><td>'04.9.28</td><td>鳥取市（鳥取県）</td><td>浄水場建設可否</td><td>×</td></tr>
<tr><td>'04.10.15</td><td>大野市（福井県）</td><td>複合施設「シビックセンター」の建設の賛否</td><td>×</td></tr>
<tr><td>'04.12.16</td><td>能代市（秋田県）</td><td>新市名「白神市」の賛否</td><td>×</td></tr>
<tr><td>'04.12.24</td><td>栗東市（滋賀県）</td><td>同市で予定されている東海道新幹線新駅「（仮称）びわこ栗東駅」の建設の是非</td><td>×</td></tr>
<tr><td>'05.1.17</td><td>若美町（秋田県）</td><td>同町内への広域ごみ焼却場建設計画の是非</td><td>×</td></tr>
<tr><td>'05.3.9</td><td>児玉町（埼玉県）</td><td>「常設型」住民投票条例の制定</td><td>×</td></tr>
<tr><td>'05.3.30</td><td>習志野市（千葉県）</td><td>場外舟券売り場建設の是非</td><td>×</td></tr>
<tr><td>'05.4.7</td><td>塩尻市（長野県）</td><td>「市民交流センター」（仮称）建設の是非</td><td>×</td></tr>
<tr><td>'05.4.19</td><td>福岡市（福岡県）</td><td>博多湾の人工島（アイランドシティ）事業の継続の是非</td><td>×</td></tr>
<tr><td>'05.7.8</td><td>袖ケ浦市（千葉県）</td><td>袖ケ浦駅北側土地区画整理事業の是非</td><td>○</td></tr>
<tr><td colspan="4">住民投票結果　05年10月23日実施。投票率は57.95％（有権者数4万7436人）反対1万7456票、賛成9621票。
市は「既に計画決定された事業が対象の住民投票は全国で初めてではないか」としており、その結果が注目された。</td></tr>
<tr><td>'05.12.22</td><td>沼津市（静岡県）</td><td>ＪＲ沼津駅の鉄道高架化事業の是非</td><td>×</td></tr>
<tr><td>'06.2.1</td><td>栗東市（滋賀県）</td><td>栗東市内に計画されている東海道新幹線新駅建設の是非</td><td>×</td></tr>
<tr><td>'06.3.24</td><td>舞鶴市（京都府）</td><td>市立舞鶴市民病院を療養型中心に転換、民間委託する市の方針の是非</td><td>×</td></tr>
<tr><td>'06.4.6</td><td>別府市（大分県）</td><td>大型スーパー「イズミ」誘致の是非</td><td>×</td></tr>
<tr><td colspan="4">※この条例案が提案されたのを受け、浜田博別府市長が辞表を提出し、「企業誘致は住民投票で賛否を問うべきものではない。選挙で誘致自体やその進め方について民意を問いたい」と出直し選挙へ出馬する意向を示した。このため、当初住民投票条例案に賛成するとしていた議員も反対に回った。</td></tr>
<tr><td>'06.4.26</td><td>吹田市（大阪府）</td><td>ＪＲ貨物駅の一部を旧国鉄吹田操車場跡地に移転する計画の是非</td><td>×</td></tr>
<tr><td>'06.8.8</td><td>泉佐野市（大阪府）</td><td>ごみ有料化と分別収集を巡る是非</td><td>×</td></tr>
<tr><td>'06.8.18</td><td>廿日市市（広島県）</td><td>細見谷林道工事の是非</td><td>×</td></tr>
<tr><td>'06.12.20</td><td>東村山市（東京都）</td><td>東村山駅西口再開発を現計画のまま行うことの是非</td><td>×</td></tr>
<tr><td>'07.2.2</td><td>佐賀県</td><td>プルサーマル計画の是非</td><td>×</td></tr>
<tr><td>'07.2.8</td><td>横須賀市（神奈川県）</td><td>米海軍横須賀基地への原子力空母配備計画の是非</td><td>×</td></tr>
<tr><td>'07.10.15</td><td>五霞町（茨城県）</td><td>「常設型」住民投票条例の制定</td><td>×</td></tr>
<tr><td>'07.10.25</td><td>四街道市（千葉県）</td><td>地域交流センター（仮称）建設の賛否</td><td>○</td></tr>
<tr><td colspan="4">住民投票結果　07年12月9日実施。投票率47.55％（有権者数7万596人）反対2万5384票、賛成7962票</td></tr>
<tr><td>'07.12.21</td><td>むつ市（青森県）</td><td>市役所庁舎移転の賛否</td><td>×</td></tr>
</table>

議決日	自治体	テーマ	可決○、否決×
'08.2.8	能代市（秋田県）	大手スーパー「イオン」による「新能代ショッピングセンター（仮称）」出店の賛否	×
'08.4.22	朝霞市（埼玉県）	朝霞市基地跡地整備計画の賛否	×
'08.5.16	横須賀市（神奈川県）	米海軍横須賀基地への原子力空母配備の是非	×
'08.9.17	土浦市（茨城県）	ＪＲ土浦駅西口北再開発事業でのマンション建設の可否	×
'08.11.10	設楽町（愛知県）	設楽ダム建設の是非	×
'08.11.19	福岡市（福岡県）	市立こども病院・感染症センター（中央区）の移転事業の賛否	×
'09.1.22	小金井市（東京都）	ＪＲ武蔵小金井駅南口の再開発地区に市庁舎を建設する是非	×
'09.2.6	相模原市（神奈川県）	政令指定都市への移行の是非	×
'09.3.11	府中市（東京都）	「常設型」住民投票条例の制定	×
'09.12.15	有田町（佐賀県）	有田共立病院と伊万里市民病院の統合計画の是非	×
'10.2.9	小山町（静岡県）	場外舟券売り場（ボートピア）建設計画の是非	×
'10.4.12	松戸市（千葉県）	新病院整備基本計画の賛否	×
'10.9.14	薩摩川内市（鹿児島県）	九州電力川内原子力発電所３号機増設の賛否	×
'10.11.4	南あわじ市（兵庫県）	新庁舎建設の是非	×
'10.11.26	八千代市（千葉県）	「新川周辺地区都市再生整備計画」の事業別賛否	×
'11.2.10	佐伯市（大分県）	市中心市街地活性化事業の推進	×
'11.4.22	能勢町（大阪府）	町内の６つの小学校・２つの中学校をそれぞれ１校に再編する統廃合計画の是非	×
'11.8.17	長野市（長野県）	市役所第１庁舎と市民会館の建て替え計画の賛否	×
'11.8.23	鳥取市（鳥取県）	市庁舎新築移転の是非	×
'11.10.21	川根本町（静岡県）	光ファイバー網整備の是非	×
'11.11.21	笛吹市（山梨県）	大型多目的施設「多機能アリーナ」建設計画の是非	×
'11.12.21	安曇野市（長野県）	新市庁舎建設計画の是非	×
'12.1.26	国立市（東京都）	住民基本台帳ネットワークシステムへの再接続の是非	×
'12.3.15	高砂市（兵庫県）	高砂市梅井での産業廃棄物処理施設建設計画の是非	×
'12.3.27	大阪市（大阪府）	原発稼働の是非	×
'12.6.20	東京都	東電所有の原子力発電所稼働の是非	×
'12.6.22	東金市（千葉県）	東千葉メディカルセンター建設の是非	×
'12.7.27	新居浜市（愛媛県）	ＪＲ新居浜駅前に計画されている総合文化施設建設の賛否	×
'12.8.9	佐伯市（大分県）	大手前再開発事業の賛否	×

議決日	自治体	テーマ	可決○、否決×
'12.8.21	加賀市（石川県）	新病院建設の賛否	×
'12.8.28	東村山市（東京都）	リサイクルセンター建設計画の是非	×
'12.8.29	大河原町（宮城県）	「道の駅」設置の是非	×
'12.9.24	与那国町（沖縄県）	与那国島へ陸自の配備の賛否	×
'12.10.11	静岡県	中部電力浜岡原子力発電所（御前崎市）の再稼働の是非	×
'12.11.22	明石市（兵庫県）	明石駅前南地区再開発事業の賛否	×
'12.12.13	三次市（広島県）	市役所新庁舎建設の是非	×
'12.12.13	柴田町（宮城県）	「（仮称）さくら連絡橋」設置の是非	×
'12.12.20	東かがわ市（香川県）	市役所統合庁舎の建設の是非	×
'13.1.23	新潟県	東京電力柏崎刈羽原発（柏崎市、刈羽村）の再稼働の是非	×
'13.2.19	茅ヶ崎市（神奈川県）	茅ヶ崎市役所本庁舎を建て替えもしくは耐震補強の選択	×
'13.2.25	山陽小野田市（山口県）	同市議会の議員定数を現行の24から20以下に削減することの是非	○
住民投票結果	13年4月17日に実施されたが、投票率が45.53%（有権者数5万2479人）となり成立要件である50%に満たなかったため、不成立。開票も行われず。		
'13.3.27	小平市（東京都）	都の道路計画の見直しの是非	○
住民投票結果	13年5月26日に実施されたが、投票率35.17%（有権者数14万5024人）で成立要件である50%に満たなかったため、不成立。		

国民投票／住民投票情報室（http://www.ref-info.net/）のデータをもとに作成

あとがき

二〇一三年七月三〇日、３２８号線小平市部分について国の事業認可が告示された。東京都のウェブサイトには「小平３・２・８号府中所沢線外（五日市街道〜青梅街道間）の事業に着手します」という明るい雰囲気の言葉が記されている。[*1]その装いのもとに行われるのは、二〇〇億円の税金を使って、二〇〇世帯以上の民家に立ち退きを強い、四八〇本以上の木々を伐採して、幹線道路を新設する公共事業である。

　このあとがきを書いている二〇一三年八月の時点で、雑木林の木々はまだ伐採されていない。さて、３２８号線の計画は半世紀前に策定されたが、その後、完全な塩漬け状態になっていたのだった。ならば、事業認可されようとも同じことが可能であろう。

　道路は確かに小平市に作られる。しかし、これは小平だけの問題ではない。二〇〇億円のうち、半分を東京都が、半分を国が負担するという。前者は税金であり、後者は国債という名の借金につながるものだ。最近、国の借金が一〇〇〇兆円を超えたことが話題になった。[*2]人口も車も減っていくこの時代、すぐ脇に道路がある場所に新しい幹線道路を作るのは、税金の有効活用であろうか？

高度経済成長期に作られたインフラの多くが、今、耐用年数を過ぎてメンテナンスを必要とし始めている。JR東海は二〇一八年から着工を予定していた東海道新幹線の改修工事を前倒しし、今年二〇一三年四月から開始した。総工費は七三〇八億円。一〇年かけて行う大規模なものである。それだけ改修の緊急性があるということだろう。二〇一二年一二月二日に起きた笹子トンネルの天井板落下事故は九名の死者を出し、社会に衝撃を与えた。同トンネルの完成は一九七五年である。

政府与党は「国土強靭化」というスローガンを掲げている。だが、強靭化とはまず第一に、「国土」を覆う様々なインフラのメンテナンスと考えられねばならない。そうでなければ道路も橋も鉄道もトンネルもボロボロの、脆弱化した「国土」がまもなく現れることだろう。

東海道新幹線の改修は工事期間中の運休はなしで行われるという。JR東海は、新幹線の運行に全く影響を与えることなく改修を行う複雑な技術を開発した。[*3]現在、この改修技術の輸出も考えているという。現状に最大限配慮して運行は止めず、この世界最年長の高速鉄道を「若返り」させるとは、実に日本的な、すばらしい技術ではないだろうか？

現状への配慮は日本が最も得意とするところの一つである。おそらく、この種の技術はその他の様々なメンテナンス事業で開発・実施されうるであろう。しかもこの改修工事は、一兆九七一億円と見積もられていた工費を、技術開発によって七三〇八億円にまで圧縮した経緯をもつ。

そうしたメンテナンス事業が一つの経済サイクルを作り出せば、公共事業は新規事業に手をつけることなく経済の後押しをすることができる。「公共事業はバラマキだ」などというのは全くの短絡である。公共事業は必要である。

ただ、未曽有の財政赤字に見舞われ、かつてのような経済成長は期待できず、大幅な人口減が予期される今の日本社会では、公共事業はその中身を細心の注意をもって精査しなければならない。「既に決められたことだから」などと言っていられる時代はとうに終わっている。新規事業にジャブジャブとお金を使っていては、日本の「国土」のインフラは大変なことになってしまう。

その意味で、小平３２８号線計画は全くもって時代錯誤の事業と言わざるをえない（半世紀前の計画なのだから、時代錯誤なのは当たり前だが）。これは端的に税金の無駄遣いであり、税金を納めている国民・住民の全員が声を上げてよい問題だ。繰り返すが、たかだか一・四キロの道路に二〇〇億円も使うのだ――脇に道路がある場所に、人々と木々をどかして。

＊

時折、どんぐりの雑木林で「森の哲学講義」と称した講義を行っている（雑木林でやっているのに「森の……」であるのはご勘弁を）。そこで、本書の基本アイディアを話したことがあった。[＊4] 本書同様、最後にデリダの「来るべき民主主義」の話をした。大変印象に残ったのは、参加者の方が講義の後に口にした、「デリダの民主主義観がとてもしっくりくる」という感想である。

難解と見なされるデリダの思想が、理解されるどころか、実感をもって納得される……。いや、すぐれた思想とはそういうものだ。すぐれた思想は、どんなに抽象的に見えようとも、その本質に具体的なものをもっている。だからこそ、具体的な問題に関わっている人の心にはきちんと響く。前提となる知識などなくとも、その言葉は届く。

だが、思想には配達人が必要である。おそらく、哲学に携わる者の責任とは、配達されるべき言葉を配達することだ。たとえば、民主主義の根源には「主権」なる概念があるのだから、それを巡るかくかくしかじかの言葉を配達すること。議会制民主主義を考える上では「制度」なる概念が不可欠であるから、それを「法」との対比で定義するかくかくしかじかの言葉を配達すること。本書はそうした意識で書かれている。

私はこれまで、哲学に携わる者の責任など考えたこともなかった。だが、東京都が開催した都道328号線の「説明会」に参加し、この問題を知り、そのような責任を本当に心の底から感じた。この問題に応えることができなければ、自分がやっている哲学など嘘だと思った。

目の前に困っている人たちがいる。その彼らを困らせる仕組みを作り出したのは、自分がやっている哲学、近代の政治哲学なのだ。私は哲学を講じて時間とお金をもらっている身である。義を見てせざるは勇なきなり、とはまさにこういう時にこそ言わねばならない。

だが勇気とは一人でいても湧いてくるものではない。人は一人でいると無謀になるが、仲間がいると勇気を得る。無謀とは困難を見ないことであり、勇気とは困難を見据えることだ。「どうせ無理だよ」などと言わず、どうすればよいかを考えること――勇気はそれを可能にする。328号線の問題に取り組むことは実に困難である。だが、ここまでやってこられたのは勇気を与えてくれる仲間がいたからだ。

住民投票の際に、仲間になってくれた方々がたくさんいた。本書ではそうした方々の活動を本当に部分的にしか紹介できなかったことを断っておきたい。本書は、私が頻繁に連絡を取り合っていたメンバーの活動を中心に書かれている。また、私は「小平都市計画道路に住民の意思を反映させる会」のメンバーではないので、会の活動の紹介もあくまでも私自身の目から見たものである。

もちろん仲間は小平市民にはとどまらなかった。本書は幻冬舎の小木田順子さんの提案によって実現したものである。この事件はなるべく早くきちんと本にしておくべきではないかと、小木田さんは仰った。二つ返事で引き受けたのだが、それと同時に私は、小木田さんが提案された締め切りよりも二カ月早い締め切りを申し出た。自分から締め切りを早めたのは初めてである。実質的には一カ月半ほどの日数で本書は書き上げられた。もちろん、自分で言い出したのにやり遂げないわけにはいかなかったからであるが、このような機会が与えられなければ、そもそも本を書き始めることができなかっただろう。小木田さんに心から感謝したい。

＊

３２８号線問題に関心をもってくださった方がいたら、是非とも現地に来ていただきたい。「小平都市計画道路に住民の意思を反映させる会」では、毎週日曜日、「現地を歩く会」を開催している。希望する方に「反映させる会」の方が工事予定地とその周辺を案内するツアーである（参加者一人から実施）。玉川上水や雑木林、また付近を走る水路などをまわるとても有意義なものだ（私も一度参加した）。関心のある方は、jumintohyo@gmail.com（担当：神尾直志）までご連絡いただきたい。

本文で紹介したように、雑木林では様々なイベントを今も開催している。「どんぐりの会」のウェブサイト（http://dongurinokai.net/）の「どんぐり林のスケジュール」に紹介されているので、参考にしていただきたい。

私も先に述べた「森の哲学講義」を不定期で行っている。こちらは私のツイッター（ID:@lethal_notion）で随時案内しているので、開催の折りにはご参加いただければ幸いである。

＊

最後に私の訴えを記させてほしい。

猪瀬直樹都知事には、是非ともこの328号線計画の見直しを検討していただきたい。猪瀬都知事は旧弊を打破するという意気込みをもっている。都知事選では行政におけるスピードを強調されていた。そのような猪瀬都知事なら、「計画を一度決めたら変えられないなんて、いつもいつも指摘されている行政の問題点を繰り返すなよ」とあえて言うことができるのではないか。

「一度決めたら変えられない」という行政の旧弊から東京が自由であることを、日本の新しい行政の形がこの首都東京にあることを、猪瀬都知事に是非示してもらいたい。その時に出てくる評価は、「英断」以外のものではありえない。

そして、読者の皆さんにも力を貸していただきたい。

おかしなことには「おかしい」と言っていかなければ、社会は少しもよくならないし、時折、取り返しのつかないことが起こってしまうだろう。月並みだが、一度失われた自然は二度と戻らない。一度失われたコミュニティも二度と戻らない。３２８号線の事業主は東京都（具体的に担当しているのは東京都建設局道路建設部計画課）であり、東京都が工事を行わなければ、自然もコミュニティも失われることはない。

私たちにはそれを訴える権利がある。私たちは主権者である。

二〇一三年八月

國分功一郎

注

はじめに

＊1―地方の行政権力の長である市長や県知事も選挙によって選ばれているので、民衆は立法権のみならず、行政権にも一部関わっていると言うことはできる。だが、現行の議会制民主主義の中心は代議士を選挙で選ぶことにある。この「はじめに」では単純化して、話を民衆の立法権への関わりに限定したい。なおこの点は後述する（第四章参照）。

第一章

＊1―「府中所沢線」のサイトのQ＆Aコーナーより抜粋。http://www.kensetsu.metro.tokyo.jp/kitakita/kodaira328/qa/index.html

＊2―たとえば、「やまがた公益の森づくり支援センター」が挙げている「森林の公益的機能」(http://www.koueki-y.com/lib/hataraki/post-19.html)。あるいは愛知万博の際に作られたという審議会「森と緑づくりのための税制検討会議」の資料 (http://www.pref.aichi.jp/zeimu/topics/shingikai/06kekka/

houkokusyo2.pdf)。

＊3―この「真っ直ぐにしたい」という道路建設の欲望のことを考える時、いつも私は、自らが統治している国をすみずみまで知らない王様が「ここに道路を作ればよいではないか！」と言う場面を想像してしまう。私の頭の中の大臣は言う――「しかし王様、ここには人がたくさん住んでおり、大きな林や、大切な用水路・遊歩道がございまして……」。王様はしかし大臣の言葉に耳を傾けない……。

＊4―水口和恵「東京都初の住民請求による住民投票を実現――市民がまちづくりに参加する第一歩」（『ａｔプラス 16』太田出版、二〇一三年五月）。

＊5―その時のシンポジウムの模様は、中沢新一＋國分功一郎『哲学の自然』（太田出版、二〇一三年）に収録されている。

＊6―「住民投票条例案直接請求へ　小平の市民団体　都道建設巡り」（読売新聞二〇一二年一二月一九日付朝刊）。「住民投票求め署名　市民ら環境悪化を懸念」（朝日新聞二〇一二年一二月一九日付朝刊）。「都道路計画「自然失う」　住民投票目指し署名活動」（毎日新聞二〇一二年一二月一九日付朝刊）。「都市計画道路　住民投票求め　小平で署名活動始まる」（東京新聞二〇一二年一二月二〇日付朝刊）。

＊7―「都道計画「投票を」　署名７５１８人分を提出　小平」（朝日新聞二〇一三年一月一六日付朝刊）。

＊8―朝日新聞二〇一三年三月二八日付朝刊では、多摩版に大きな記事が二つ（そのうちの一つは私のインタビューだった）、全国版にも記事が一つの計三つの記事が掲載された。その他、東京新聞、毎日新聞、読売新聞が記事を掲載してくれた。

＊9―NHK首都圏ネット（二〇一三年三月二七日午後六時放送）、TOKYO MXテレビ（二七日午後六時のニュース）、NHK NEWS WEB（二八日午前〇時放送）。

＊10―「RADIO SAKAMOTO」（J-Wave）の二〇一三年一月六日放送分。
https://www.j-wave.co.jp/original/radiosakamoto/program/130106.htm

＊11―『GQ JAPAN』コンデナスト・ジャパン、二〇一三年三月号。
http://gqjapan.jp/2013/02/12/kokubunkoichiro/

＊12―その時の模様は「これからの住民自治をめぐって」として『atプラス16』（太田出版、二〇一三年五月）に掲載されている。

＊13―なお、当時は安倍政権のもとで自民党が支持を広げており、この小平市市長選挙でも自民党公認の永田政弘氏の当選が有力視されていた。投票日の夜には、小林氏の事務所には新聞記者はほとんど来ておらず、多摩担当の記者はほぼすべて永田氏の事務所に待機していたという。小林氏当確のニュースが出ると、記者たちはタクシーに乗って急いで小林氏の事務所に移動した。小林氏はそのような選挙戦の前も間も修正案について語らなかった。そして、それを勝ち抜いた後、最初にやった仕事が、住民投票に修正案を付すことであった。

＊14―荻上チキさんの番組「Session22」（TBSラジオ）は住民投票条例の可決時から何度も本件を報道してくれた。また私自身も何度か出演させてもらっている。二〇一三年四月一六日、同番組に私が出演し、荻上さんに都道328号線の問題について話をすると、それを聞いていた大竹まことさんが、別局の番

組「ゴールデンラジオ！」（文化放送）でその件を紹介してくださるということがあった。大竹さんは「こういう大切な問題については、局なんて言ってられないよ」と語ってくださった。その後、私自身もこの「ゴールデンラジオ！」に出演させていただき、住民投票について訴えた（五月一四日放送）。

第二章

＊1―村上稔『希望を捨てない市民政治――吉野川可動堰を止めた市民戦略』緑風出版、二〇一三年、一二七頁。

＊2―朝日新聞の「天声人語」（二〇一三年五月二二日付朝刊）は、この選択肢をそのような意味で高く評価している。「民主主義の実験がまた一つ積み重ねられる。東京都の小平市で26日に住民投票がある。対象は都道の建設計画だが、建設の賛否を問うのではない。市民は「住民参加で計画を見直す」か「見直す必要はない」か、どちらかを選ぶ▼興味深い選択肢だ。建設反対といえば単純だが、計画の見直しというと意味が広い。道を造れという人でも、こんな幅はいらないとか、意見は分かれうる。市民の考えは多様である。それをなるべくすくい取ろうというのが、この設問の狙いだ▼この二択ではわかりにくい、といった懸念もあったようだ。しかし、見直し派が多ければ、どう見直すのか、市民が集まって議論することになる。投票結果が出ておしまいではない。市民が行政の決定過程に入り込んでいく。斬新な設計である▼一自治体での出来事とはいえ、意味合いは大きい。小平在住の哲学者で、今回の投票実現にかかわった國分（こくぶん）功一郎さんは本紙に語っている。「ここに、日本の政治の縮図がある」。

有権者は国、地方の議員や首長を選ぶだけで、省庁や役所には何も言えない。そんな仕組みではいけない、と▼市民が関心を寄せても、議会政治や政党政治が取り上げず、選挙でも争われない問題は少なくない。それはおかしいと皆が声を上げる。小平の動きは3・11以後、原発政策をめぐって高まった直接民主主義のうねりと同じ流れの中にある▼代議制を補うべき新しい民主主義の試みはまだ道半ばだ。小平の結果を楽しみに待ちたい。」

＊3―今回の小平の住民投票が、「従来の糾弾型の市民運動」ではなくて、「提案型」であるというのは、二〇一三年五月二一日放送のTBSテレビ「NEWS23」で、キャスターの岸井《きしい》成格《しげただ》氏が用いた言葉である。

＊4―ただ、「市民」という言葉にはどこか有資格者のニュアンスがある。国籍や投票権をもった人だけを指す言葉のように思われる。地域のことを考える時、重要なのはそこに住んでいるというその事実だけである。だから私は好んで「住民」という言葉を使っている。だが、小平の住民投票では、外国人、しばしば「在日」と呼ばれる永住外国人、更には子どもないし未成年も投票権をもたなかった。彼らは全員住民である。

＊5―小平市福祉会館市民ホールで二〇一二年一二月八日に開催されたシンポジウム、中沢新一＋國分功一郎「どんぐりと民主主義」の模様は、中沢新一＋國分功一郎『哲学の自然』（太田出版、二〇一三年）の第Ⅳ章に加筆の上で収録されている。また、より当日の対話に近いバージョンが「小平都市計画道路に住民の意思を反映させる会」のウェブサイトで公開されている（http://jumintohyo.wordpress.com［「どんぐりと民主主義」の項］）。

＊6―小平市福祉会館市民ホールで二〇一三年二月二二日に開催されたシンポジウム、中沢新一＋宮台真司＋國分功一郎「どんぐりと民主主義　PART2」の模様は、『atプラス16』（太田出版、二〇一三年五月）に、「これからの住民自治をめぐって」として加筆の上で収録されている。また、より当日の対話に近いバージョンが「小平都市計画道路に住民の意思を反映させる会」のウェブサイトで公開されている（http://jumintohyo.wordpress.com［「どんぐりと民主主義　PART2」の項］）。

＊7―「私は反原発・脱原発の運動も不安や不信感に基づいて行われるべきではないと考えています。そういう動機に基づく限りは、運動はけっして長続きしないでしょう」（槌田劭「原発と『科学』」、『atプラス10』太田出版、二〇一一年一一月、六四頁）。

＊8―なお、ヒグラシがたくさんいる雑木林を守ろうとしているのだから、シンポジウムのタイトルは「ヒグラシと民主主義」にしようという案があったのだが、それだと「なんか、その日暮らしの民主主義みたいだ」という話になり、結局、「どんぐりと民主主義」に落ち着いた。

＊9―この幻燈会に限らず、小平の住民投票運動には市内や付近から、様々な才能が参加してくださった。投票を呼びかけるチラシも市内在住のイラストレーター石渡希和子さんがとてもかわいらしいものを作ってくれた。シンポジウムのポスターは美術家の前野智彦さんがいつも猛スピードで作ってくれている。シンポジウムの準備は時間がないので、いつも開催の一〇日前にお願いしたりというのが普通であったのだが、前野さんは毎回、お願いしてから二時間以内にデザインラフを送ってくださった。こうした実に仕事ができる方々の協力があってこそ、住民投票運動を続けることができたのである。

＊10―村上さんたちはイベントや勉強会を数年にわたってコツコツと続けながら、吉野川に対する住民の意識を少しずつ高めていった。その結果、有権者の半分にあたる一〇万人の署名を集めることに成功する。ところが、議会は住民投票条例案を否決してしまう。このままではどうやっても議会を通過できないと考えた村上さんたちは、自分たちが市議会議員になって議会の構成そのものを変えてしまおうと試みる。そしてそれに成功する。立候補した五人のうち、村上さんを含む三人が市議会議員になった。ところが今度は、五〇パーセントの成立要件をのまなければ条例案を可決できないという状況に陥り、苦渋の決断でこれを受け入れる。そうして迎えた二〇〇〇年一月二三日の投票日、その五〇パーセントの成立要件を乗り越える五五パーセントの投票率を達成し、吉野川の自然に取り返しのつかない甚大な被害を及ぼす可動堰建設に対して、住民の「否」を突きつけたのである。実際に建設はストップした。このドラマチックな、しかし実際には、徳島の方々の知恵と勇気で作り上げられた運動の一部始終が、先に紹介した村上さんの著書『希望を捨てない市民政治』に書かれている。是非とも参照されたい。

＊11―筆者との対談の中で村上さんは、小平の住民投票運動もまた、楽しさと勉強を大切にしていたという点を高く評価してくださっている（村上稔＋國分功一郎「変革の可能性としての市民政治――吉野川と小平の住民投票運動を振り返って」、『ａｔプラス 17』太田出版、二〇一三年八月）。

＊12―猪谷千香「「みんな、民主主義に飢えている」――小平市の住民投票に挑む哲学者、國分功一郎さん」、ハフィントン・ポスト［独立系のインターネット・メディア］、二〇一三年五月六日投稿（http://www.huffingtonpost.jp/2013/05/05/story_n_3220626.html）。

＊13―小熊英二「政治を考える」、『ＧＱ　ＪＡＰＡＮ』コンデナスト・ジャパン、二〇一二年一〇月号、四二頁。

＊14―私が専門的に研究している一七世紀の哲学者スピノザは『エチカ』という書物で、こうした気持ちのメカニズムを「妬み」の分析の中で明らかにしている。「あいつだけずるい」という妬みは人間の心の根底を規定する感情である。特別な人間に特別なことが起こるのは許せる。だが、自分と同じ立場の人間に特別なことが起こることは許せない。たとえば、特別なことが起きた人間を人は「あの人は特別な人間なのだ」と考えようとする。「あの人は小さい時から違った」「ものすごく努力してきた人だ」「すごい才能があるんだ」云々。特別なことの利益を享受した人間は、特別な人間でいてくれないと困るのだ。もしその人間が自分と同じ立場の普通の人間ならば、自分と変わらないにもかかわらずその人だけ特別なことの利益を享受して「ずるい」と感じざるをえないからである。そう感じた時に人は、その「ずるい」人間を引きずり下ろそうとする。

＊15―これもスピノザが述べていることである。「恐怖なき希望というものはあり得ず、また、希望なき恐怖というものもありえない」（『エチカ』第三部定理五〇備考）。

＊16―村上さんもまた、私とは違う意味かもしれないが、住民投票運動を始めてから何度も「これでいいのだろうか」と迷ったという。何の迷いもなく運動をやってきたわけではない、と（『希望を捨てない市民政治』一七六頁）。それが当然なのだろうと思う。私は村上さんのこの言葉を読んで、どこか胸がスーッとする気持ちになった。

＊17―ルクレチウスという古代ローマの哲学者は、恐怖や不安などの感情を「魂の動揺」という言葉でまとめた上で、次のように述べている。「できる限り苦痛を避けるためには、ごくわずかなもので事足りる。しかし、魂の動揺を克服するためには、より深い技法が必要になる」。苦痛そのものよりも、苦痛が訪れるかもしれないという気持ちの方が厄介なのだ。

＊18―日本経済新聞二〇一三年五月一五日付夕刊、「2013都議選　見えない巨大議会（中）」。

＊19―「溜めとは、溜め池の「溜め」である。〔…〕溜めは、外界からの衝撃を吸収してくれるクッション（緩衝材）の役割を果たすとともに、そこからエネルギーを汲み出す諸力の源泉となる。／溜めの機能は、さまざまなものに備わっている。たとえば、お金だ。〔…〕しかし、わざわざ抽象的な概念を使うのは、それが金銭に限定されないからだ。有形・無形のさまざまなものが溜めの機能を有している。頼れる家族・親族・友人がいるというのは、人間関係の溜めである。また、自分に自信がある、何かをできると思える、自分を大切にできるというのは、精神的な溜めである」（湯浅誠『反貧困』岩波新書、七九頁）。

＊20―教育過程からの排除／企業福祉からの排除／家族福祉からの排除／公的福祉からの排除／自分自身からの排除の五つを指す（『反貧困』六〇～六一頁）。

＊21―村上稔『希望を捨てない市民政治』一三七頁。村上さんも運動における「デザイン」の重要性を強調している（六六頁）。

第三章

＊1―カール・シュミット『政治的なものの概念』田中浩＋原田武雄訳、未来社、一九七〇年。

＊2―政治における究極的な区別が敵か友かであるということは、政治においては「善と悪」「利益と損失」「美と醜」などの区別は問題にならないということを意味している。政治的な敵は必ずしも悪ではないし、損失をもたらすものでもない。ましてや醜いものでもない。政治的には、人は悪とも手を結ぶ。損失をもたらすものを味方にするのはよくあることだ。とにかく特定の論点を巡り、仲間であるのか、仲間でないのか、それだけが政治的には問題である。

＊3―ハンナ・アレント『人間の条件』志水速雄訳、ちくま学芸文庫、一九九四年。

＊4―かつてのソ連の議会では、共産党が真理を掌握していることになっていたので、議会に共産党が呈示する提案はどれも全会一致で採択された。それを認めない敵はこっそりと――秘密警察によって――処分された。

＊5―宗教的権威や伝統的権威に頼る統治は、前近代的な、遅れた社会の特徴とされてきた。ところが、最近では、宗教的権威や伝統的権威に頼っていると思われてきた「前近代的」社会の中に、むしろ先進的な民主的制度が見出されることに注目が集まっている。たとえば北米の先住民族であるイロコイ族はすぐれた民主的制度をもっており、ヨーロッパから北米に来た初期の植民者たちは彼らの制度を見習っていたという（ドナルド・A・グリンデJr＋ブルース・E・ジョハンセン『アメリカ建国とイロコイ民主制』星川淳訳、みすず書房、二〇〇六年）。また日本の村落共同体における寄合《よりあい》は全員一致になるまで

時間をかけ、多数決を避けるという方式を採用していた。用事がある人はその場を離れて用事をすませて再び戻ってくるという（宮本常一『忘れられた日本人』岩波文庫）。つまり、いわゆる「前近代社会」が宗教的権威や伝統的権威に頼る政治体制だというのは、実際には近代的な偏見に過ぎない可能性が非常に高い。だが、その論点に踏み込むことは本書の課題を大きく逸脱する。ここでは、この後で説明していく近代初期の政治課題を導入するための大雑把な話として、宗教的権威や伝統的権威による統治を理解しておいていただきたい。

＊6―後に大々的に取り上げる大竹弘二氏の論文「公開性の根源」は、エルンスト・カントローヴィチの有名な著作『王の二つの身体』（小林公訳、ちくま学芸文庫）におけるシェイクスピアの悲劇『リチャード二世』の分析を通じてこのことを強調している（「公開性の根源」連載第一回、『ａｔプラス 11』太田出版、二〇一二年二月）。この史劇は一四世紀末のイングランドに取材し、プランタジネット朝最後の王であるリチャード二世の廃位を描いたものだが、シェイクスピアと同時代の一七世紀の人々には、時の女王エリザベス一世とエセックス伯ロバート・デヴルーとの争いを連想させるものであったという。その後、一七世紀後半には同劇は上演禁止の処分を受けている。絶対的統治の確立を目指しつつも、その困難に直面していた時の政治権力にとって、まさにこの劇は都合の悪いものであったのだ。

＊7―「封建時代のヨーロッパでは、数限りない、領主所領、家族共同体や村落共同体、家臣集団などの上に、より広い範囲に及ぶ様々な権力がそびえたっていたが、それらの上位権力は、広域支配の代償として、長いこと、実効性の乏しい活動しかできなかった」。王政が不安定だったということではない。長期に

わたって「王政の数そのものは驚くほど安定していた」。それはむしろ「実効」的な支配を断念していたからだと考えることができよう（マルク・ブロック『封建社会』堀米庸三監訳、岩波書店、一九九五年、四六四頁、四六九頁）。

＊8—ボダン『国家篇六論』第一論、第八章（Jean Bodin, *Les six livres de la République*, 1578, Livre I, Chapitre VIII［邦訳なし］）。ボダンの同テキストは、今では原本をＰＤＦファイルでダウンロードできる（Gallica, *Les six livres de la République* / de J. Bodin,... Bodin, Jean ... 1576）。http://gallica.bnf.fr/ark:/12148/btv1b86268103 また、英訳がetext化されている。http://www.constitution.org/bodin/bodin.txt

＊9—ミシェル・フーコー『監獄の誕生』（田村俶訳、新潮社、一九七七年）を参照されたい。統治が一六世紀に主権概念によって近代的な仕方で定義されたのに対し、司法の近代化が検討されるのは一八世紀になってからである。このタイムラグは、近代的な統治が落ち着いたところでやっと司法が問題視されるようになったということを意味しているだろう。

＊10—大竹弘二氏は、このことを極めて正確な表現で、「主権は統治の技術的性格を克服しようという努力のなかから誕生した」と説明している（「公開性の根源」連載第一回、一四五頁）。

＊11—逆に言えば、それまでは公開性は政治の原則ではなかったことになる。実際、近代初期の一六、一七世紀においては、政治上の秘密、権謀術数、陰謀などは、「れっきとした理論的な位置価をもった重要な主題に他ならなかった」（大竹弘二「公開性の根源」連載第三回、『ａｔプラス 13』太田出版、二〇一

二年八月、一一九頁)。たとえば古代ローマの歴史家タキトゥスは、その著作の中で統治に必要な「機密《アルカナ》」に言及している。マキアヴェリの『君主論』が権謀術数について論じたのは有名だが、彼はまた陰謀についても精緻な分析を施している。統治が、政治上の秘密と関係をもつことはむしろ当然視されていた。近代初期の政治哲学の課題は、政治上の秘密に汚名を着せ、公開されたものとしての政治空間を形成することにあった。なお、本章が依拠する大竹弘二氏の論文の主題は、そのタイトルが示す通り、この問題にこそある。

＊12―ホッブズ『リヴァイアサン』水田洋訳、岩波文庫。

＊13―これに対応するのは以下の諸規定である。「1．臣民たちは統治形態を変更しえない」。「2．主権者権力は剝奪されえない」。「3．多数派によって宣告された主権設立に対して抗議することは、誰でも不正義なしにはできない」。「4．主権者の諸行為が臣民によって、正当に非難されることはありえない」。「5．主権者がすることはなんでも、臣民によって処罰されえない」。

＊14―「6．主権者は、彼の臣民たちの平和と防衛に必要な事柄に関する判定者である」。「9．彼が最もいいと思う通りに和戦を行う権利」。「10．和戦双方に関するすべての忠告者や代行者を選ぶ権利」。

＊15―「7．臣民の各々が、他の臣民が不正義を行うことなしには彼から取り去りえないような、彼自身のものとは何であるかを知りうるための、諸規則を作る権利」。「8．彼にはまた、争論に関するすべての司法と決定の権利が属する」。後者8の規定は、後に確立される「三権分立」の考えで言うならば、立法の権利ではなくて司法の権利である。だがここでは法を作り適用することがセットで論じられているの

で、立法権に従属する権利としてここに掲げておく。

＊16―たとえば、ホッブズは規定6の中途で、「〔主権者は〕どういう学説が、彼らに教えられるに適しているかに関する判定者である」とも述べている。これは明確に国家内のイデオロギー操作のことを意味している。また、「11．報酬を与え処罰する権利、および恣意的にそうする権利」や、「12．名誉と序列についての権利」などは、臣民の意識そのものに介入し、統治をうまく遂行していく技術に関する規定と言うことができる。確かに近代は、〈統治の技術〉に対する〈統治の規範〉の優位を原則として確立したが、ホッブズが生きた近代初期の一七世紀には、主権はまだその原則を純粋に適用するまでには至っていなかったと考えることができるだろう。

＊17―ルソー『社会契約論』桑原武夫＋前川貞次郎訳、岩波文庫、一九五四年。

＊18―東浩紀『一般意志2.0――ルソー、フロイト、グーグル』講談社、二〇一一年。

＊19―大竹弘二「公開性の根源」、『atプラス11』（太田出版、二〇一二年二月）より連載。現在も連載は継続中。最新論文は、『atプラス17』（二〇一三年八月）掲載。以下、同論文からの引用に付した頁数は、すべて連載第一回からのものである。

＊20―「ボダン、ホッブズ、ルソーのいずれにおいても、主権の本質的定義は、それが「立法権」であるということだ。それは国家のあらゆる実定法の規範根拠であり、統治に規範性をもたらす正統化源泉である」（「公開性の根源」連載第一回、『atプラス11』（二〇一二年二月）、一四四～一四五頁）。

第四章

＊1―ジル・ドゥルーズ『哲学の教科書』加賀野井秀一訳、河出文庫、二〇一〇年、一四九～一五〇頁。同書はドゥルーズが若い頃に作った哲学教育のためのアンソロジーである。ドゥルーズ自身の著作では、たとえば『マゾッホとサド』（蓮實重彦訳、晶文社、一九七三年）においてサン・ジュストのこの議論が紹介されている（九九頁）。

＊2―ジル・ドゥルーズ「本能と制度」、『哲学の教科書』、七六～七七頁。なお、このテキスト「本能と制度」はアンソロジーのために書かれた序文である。

＊3―念のために言っておくと、本書の提案は、革命――あるいは、革命のように何かを全部ひっくり返すという発想――を斥けているけれども、歴史上「修正主義」と呼ばれてきたものの系譜には属さない。修正主義は議会を通じて社会をよくしようと考える。修正主義もまた議会制度の一元的な発想に囚われている。

＊4―『知恵蔵2013』における「住民投票」の項目（執筆者、北山俊哉＋笠京子）。

＊5―住民投票一般を規定する法律はないが、市町村合併を巡る合併協議会の設置については、市町村合併特例法がこれを規定している。同法第四条、第五条によれば、市町村合併について、住民から一定数の署名をもって請求があれば、合併協議会設置を巡る住民投票を実施しなければならない。既に全国の五二の自治体で実施例がある（総務省調べ。http://www.soumu.go.jp/main_content/000087297.pdf）。

＊6―元我孫子市長の福嶋浩彦氏は、成立要件の規定を排し、三分の一ルールを採用した目的は、ボイコット

運動を避けることにあったと明確に述べている（http://www.ref-info.net/ju/abiko.html ）。

＊7―合併問題が浮上した奈井江町では、二〇〇一年から役場で作った情報誌「どうなる？　どうする？　市町村合併」を八回にわたって町内の全戸に配布し、二〇〇二年からの二年間に七回の説明会を開いた。町長と職員が様々な会議や地域の会合に出向いて説明を重ねた他、子供たちにも説明をするため、町の職員が小学校や中学校に行って話をしている。二〇〇三年一〇月には、一八歳以上の町民を対象にした住民投票と、小学校五年生から高校生を対象にした「子ども投票」を行った。その結果、一八歳以上の投票率は七三パーセントで、合併反対が七四パーセント。子どもの投票結果も投票率は八七パーセントで、反対が八四パーセントと大人以上だったという。奈井江町は合併しないことを選択した。詳しくは、町長北良治氏の次のインタビューを参照されたい。「子供の意見を尊重し、合併もやめた奈井江町選挙権は当然18歳から認めるべき――北良治町長」、JBPRESS、二〇一三年七月三〇日掲載（http://jbpress.ismedia.jp/articles/-/38194）。

＊8―山崎さんは数多くの著書を出版している。ここではその他、山崎亮＋ＮＨＫ「東北発☆未来塾」制作班『まちの幸福論――コミュニティデザインから考える』（ＮＨＫ出版、二〇一二年）を参照している。

＊9―とはいえ、実際には教科書のようなものも必要だろう。ファシリテーションのための実践的指導書の一つのすぐれた例として、中野民夫監修、三田地真実著『ファシリテーター行動指南書――意味ある場づくりのために』（ナカニシヤ出版、二〇一三年）を紹介しておきたい。同書はファシリテーションが実際にどのようなものであるかを知るのに役立つだろう。

＊10—二〇一三年一月二五日付東京新聞朝刊「何のための「意見公募」か」。

第五章

＊1—日本語文法に則して正確に言えば、「民主的」は、形容詞ではなくて、形容動詞の語幹だが、ここではdemocratic の訳語として、形容詞としてとらえることにする。

＊2—Jacques Derrida, *Du droit à la philosophie*, Galilée, 1990, p.53.

＊3—Jacques Derrida, *Spectres de Marx*, Galilée, 1993, p.110.〔邦訳、『マルクスの亡霊たち』増田一夫訳、藤原書店、二〇〇七年、一四九頁〕。

＊4—以上の論点に関心のある読者は、日本を代表するデリダ研究者宮崎裕助氏の「自己免疫的民主主義とはなにか」(『思想』岩波書店、二〇一二年八月号）を参照されたい。宮崎氏はデリダが民主主義に見て取っていた困難を「自己免疫性」という観点から見事に整理している。

＊5—Jacques Derrida, *Force de loi*, Galilée, 1994, p.111.〔邦訳、『法の力』堅田研一訳、法政大学出版局、一九九九年、一四四頁〕。

＊6—「来るべき民主主義」に畳み込まれた二つの意味については、デリダの『ならず者たち』(Jacques Derrida, *Voyous*, Galilée, 2003〔邦訳、鵜飼哲・高橋哲哉訳、みすず書房、二〇〇九年〕）の第八章もあわせて参照されたい。

付録1

＊1―ここからダウンロードできる。
http://www.toshiseibi.metro.tokyo.jp/kiban/pamphlet/pdf/pamphlet_22.pdf

＊2―「OD調査は〔……〕サンプルデータを母集団に復元する〔……〕拡大処理〔……〕のため、多重クロス集計などでは、統計的精度が十分に得られない場合もある」と、「東京都の自動車交通の実態　平成17年度自動車起終点調査より」（平成二一年三月発行）に書かれている。

＊3―「平成一七年度　全国道路・街路交通情勢調査（道路交通センサス）一般交通量調査　交通量調査報告書　2／2・市郡部」（東京都建設局道路建設部計画課、平成一八年一〇月発行）。同資料の一三七頁に載っている表に、平成二二年（二〇一〇年）分のデータを付け足して作成したのが図表5である。平成二二年（二〇一〇年）分のデータは、以下の資料よりダウンロードできる。
http://www.mlit.go.jp/road/census/h22-1/（「箇所別基本表及び時間帯別交通量表」↓「東京都」の「箇所別基本表」の「Excel版」）
該当する数値は、Excelデータの1081行「17所沢府中線」の「昼間12時間自動車類交通量」の「合計」の欄。

＊4―平成一七年（二〇〇五年）の数値の資料はここからダウンロードできる。
http://www.ktr.mlit.go.jp/honkyoku/road/census/h17/PDF/KB_13000.pdf（「箇所別基本表」↓「東京都（特別区を除く）」）。

該当する数値は、表の四ページ目中央付近「17　所沢府中1000　小平市上水本町1丁目25」の「平日自動車類12時間交通量」の欄。

平成二二年（二〇一〇年）の数値資料については、前注に紹介した「箇所別基本表及び時間帯別交通量表」のExcelデータ1081行部分を参照していただきたい。

あとがき

＊1―http://www.metro.tokyo.jp/INET/OSHIRASE/2013/07/20n7u400.htm　サイト末尾に「問い合わせ先　建設局道路建設部計画課　電話03-5320-5324」とある。「東京都建設局」の窓口案内（http://www.kensetsu.metro.tokyo.jp/inquiry.html）にはこの番号は存在しない。328号線を扱っているのは、「多摩の都市計画道路」を対象とする「道路建設部計画課多摩計画担当係」と思われるが、その番号は03-5320-5323になっている。
＊2―二〇一三年八月九日の財務省の発表。現在の人口推計一億二七三五万人をもとに単純計算すると、国民一人あたり約七九二万円の借金を抱えていることになるという（日経新聞二〇一三年八月一〇付朝刊）。
＊3―「JR東海が世界に誇る、〝魔法の最先端技術〟とは」、Business Media 誠、http://bizmakoto.jp/makoto/articles/1304/30/news018.html
＊4―映像が残っており、USTREAMで今も視聴できる（冒頭に少々、街頭演説あり）。http://www.ustream.tv/channel/lethalnotion

著者略歴

國分功一郎
こくぶんこういちろう

一九七四年、千葉県生まれ。
東京大学大学院総合文化研究科博士課程修了。博士(学術)。
高崎経済大学経済学部准教授。専攻は哲学。
著書に『スピノザの方法』(みすず書房)、
『暇と退屈の倫理学』(朝日出版社)、
『ドゥルーズの哲学原理』(岩波書店)、
『哲学の自然』(太田出版、中沢新一氏との共著)、
訳書に『マルクスと息子たち』(デリダ、岩波書店)、
『カントの批判哲学』(ドゥルーズ、ちくま学芸文庫)、
『ニーチェ』(オンフレ、ル・ロワ、ちくま学芸文庫)、
共訳書に『そのたびごとにただ一つ、世界の終焉』(デリダ、岩波書店)、
『フーコー・コレクション4』(フーコー、ちくま学芸文庫)、
『アンチ・オイディプス草稿』(ガタリ、みすず書房)がある。

幻冬舎新書 315

来るべき民主主義

小平市都道328号線と近代政治哲学の諸問題

二〇一三年九月三十日 第一刷発行
二〇一四年一月三十日 第三刷発行

著者 國分功一郎
発行人 見城徹
編集人 志儀保博
発行所 株式会社 幻冬舎
〒一五一―〇〇五一 東京都渋谷区千駄ヶ谷四―九―七
電話 〇三―五四一一―六二一一(編集)
〇三―五四一一―六二二二(営業)
振替 〇〇一二〇―八―七六七六四三
ブックデザイン 鈴木成一デザイン室
印刷・製本所 株式会社 光邦

Printed in Japan ISBN978-4-344-98316-8 C0295
こ-18-1
幻冬舎ホームページアドレス http://www.gentosha.co.jp/
*この本に関するご意見・ご感想をメールでお寄せいただく場合は、comment@gentosha.co.jp まで。